LES

SALONS DE PARIS

PARIS. — IMP. SIMON RAÇON ET COMP., 1, RUE D'ERFURTH.

LES SALONS DE PARIS

FOYERS ÉTEINTS

PAR

Mme ANCELOT

PARIS
JULES TARDIEU, ÉDITEUR
13, RUE DE TOURNON, 13
1858

INTRODUCTION

Avant que ce qui reste encore de lumière et de chaleur dans notre foyer domestique à moitié éteint achève de se consumer, je veux reproduire ce que ma pensée a retenu de plus intéressant sur les foyers amis où je m'assis joyeuse aux jours de la jeunesse !

Parfois il arrive qu'au détour d'une rue mes pas s'arrêtent involontairement. Je reste immobile pendant que mon esprit retourne en arrière et se reporte au milieu de personnes qui ne sont plus. C'est qu'une maison bien connue a frappé mes yeux, et que mes regards s'attachent malgré moi aux fenêtres d'un salon fermé qui réveille une foule de souvenirs.

Ainsi, près de la vieille et mystérieuse église de Saint-Germain-des-Prés, une maison qui me semble à présent triste et sombre me retient malgré moi en me retraçant des joies disparues; là ont vécu longtemps, là se sont réunis pendant des années, des amis pour mon cœur, qui étaient aussi des étoiles pour la foule.

Là, je vins souvent, toute parée de corps et d'âme, car les fraîches et vives couleurs des plus jolies toilettes avaient moins de fraîcheur et de vivacité que les enchantements infinis qui remplissaient alors mon âme! J'arrivais donc l'esprit animé de mille idées, le cœur plein de mille émotions, et j'apportais tout cela dans une heureuse famille, où je trouvais les mêmes dispositions; c'étaient, à l'arrivée, des exclamations amicales, des expressions affectueuses; puis les paroles multipliées ne venaient pas encore assez vite, tant les idées étaient promptes et pressées de s'échanger; c'étaient des confidences sur les occupations qui avaient rempli les jours précédents; on se parlait d'un travail littéraire, d'un tableau commencé, d'une comédie en répétition, d'une grande toile portée au Louvre, ou visible à l'atelier pour quelques amis; puis c'était un livre dont le plan était conçu, mais qui réclamait un avis éclairé, ou bien une esquisse pour laquelle on voulait un conseil judicieux; et, au milieu de ces graves travaux, c'étaient aussi des parties de plaisir projetées, des plaisanteries, des rires insouciants, des anecdotes racontées où les bons mots de la veille stimulaient ceux du jour; c'étaient encore des vers récités, de la musique improvisée : madame Grassini ou madame Pasta chantait ! Tout cela était plein de vie!... Hélas! du grand esprit de Gérard qui rayonnait sur cette société intelligente, de la bonté qui y veillait dans la personne de sa compagne, de l'amie fidèle dont l'affection et le zèle n'eurent pas un jour d'oubli ou de négligence, rien ne reste en ce monde, rien, qu'un peu de gloire injustement disputée, malgré les œuvres et quelques souvenirs à demi effacés dans des cœurs qui bientôt cesseront aussi de battre!

Ah! marchons, ne nous arrêtons pas plus longtemps... Mais il ne faut pas aller bien loin pour trouver encore un endroit où les souvenirs arrêtent de nouveau mes pas... Car voici l'*Abbaye-aux-Bois*.

Passons vite sans regarder cette terrasse où quelques arbustes survivent encore à la douce main qui les soigna.

Évitons aussi la rue *Saint-Dominique;* nous y verrions encore la porte toujours somptueuse d'un hôtel où les arts, les lettres, la grandeur et la puissance furent souvent réunis autour d'un foyer maintenant éteint.

Rentrons dans ma poétique retraite, là, le ciel et les arbres s'offrent seuls à mes regards. Rien n'y rappelle des souvenirs douloureux. Les arbres, c'est la nature sans cesse renouvelée qui ne présente aucune image pénible de destruction. Le ciel! c'est l'espoir d'une vie qui n'aura point de larmes et où l'on ne se séparera plus!

Là, mon cœur s'épanouit, il évoque ses amis perdus, rallume les foyers éteints, s'y repose de nouveau au milieu de ceux qu'il aima, et c'est ce passé reconstruit par ma mémoire dont je veux retracer quelques scènes qui ne seront pas sans intérêt pour le public, car il y retrouvera des noms connus et dignes de l'être.

Ce petit volume n'est que le commencement d'une publication qui doit être une revue de salons nombreux.

Mais, avant de parler de ces demeures brillantes où mon intelligence, avide de connaître, cherchait avec tant d'empressement les esprits d'élite et les talents supérieurs, ma pensée remonte malgré moi au foyer paisible où elle s'éveilla au milieu de parents attentifs à développer dans le bien l'âme nouvelle qui venait d'éclore!

Pieux et simples foyers de famille où mon

enfance s'écoula, trop de respectueux regrets s'éveillent à votre souvenir pour que je soulève devant le public le voile qui recouvre vos vertus ignorées; je ne ferai donc que m'agenouiller devant vos cendres dès longtemps refroidies; les tombes de familles sont des autels où l'on ne doit que bénir et prier.

Bien jeune encore, les toits amis de ma paisible ville natale, de ma chère et jolie ville de Dijon, disparurent à mes yeux, mais pour rester présents à ma mémoire et s'y graver de façon à ne jamais s'en effacer.

Quelles que soient par la suite les vives émotions de l'ardente jeunesse, les déceptions cruelles qui les suivent, les amertumes qui accompagnent la vie et les rudes épreuves auxquelles on y est exposé, il est bon d'avoir vécu ses premiers jours comme je les ai passés dans ces foyers tranquilles où tout ce que j'ai vu et entendu m'avait fait croire que la vie se composait de vertus et de bonheur!

Je vins à Paris presque enfant et pour y

achever mon éducation aux Ursulines de la rue Notre-Dame-des-Champs; l'on n'avait pas encore, à cette époque, rétabli les couvents, mais quelques vieilles religieuses s'étaient réunies là sous la protection de la mère de l'empereur Napoléon Ier.

L'ordre des Ursulines était destiné à élever les jeunes filles, et cette maison d'éducation devint fort à la mode à cette époque.

Elle occupait un ancien hôtel bâti par l'abbé Terray, et, malgré les soins des vigilantes religieuses, on apercevait encore dans les frises, les plafonds et les bas-reliefs, quelques indices des mœurs trop frivoles et trop faciles de l'époque où ce prélat avait été ministre; il est vrai que les outrages et les dévastations visibles que les mains révolutionnaires leur avaient fait subir y apposaient comme un correctif et pouvaient donner lieu à des enseignements que les saintes filles ne laissaient pas perdre pour leurs élèves : la persécution leur avait servi d'expérience !

Pauvres chères recluses, qui aviez protesté contre la loi qui vous forçait à être libres ! et qui, dès que vous le fûtes en effet, ne profitâtes de la liberté que pour reprendre de nouveau votre esclavage ! Vous vous étiez réunies volontairement pour consacrer ce qui vous restait de force à prier Dieu pour les enfants à qui vous appreniez à l'aimer; depuis longtemps la dernière étincelle de votre saint foyer s'est éteinte sans bruit, mais les bénédictions vous ont suivies, car les jeunes cœurs que vous formiez pour la vie avaient reçu de vous cette espérance dans une vie meilleure, seule ancre de salut au milieu des orages et des tourmentes qui viennent assaillir de tous côtés notre court et dangereux voyage sur la terre.

C'est autant à cette éducation saine et forte qu'à mon caractère naturellement heureux que j'ai dû d'être à l'abri de ces aspirations sans but, de ces défaillances sans cause, de ces orgueils inassouvis qui ont tourmenté tans d'esprits dans notre siècle et y ont jeté tant d'agitation. Aussi, malgré les longues années écoulées, pendant lesquelles il a fallu sans cesse défendre son âme contre les impressions douloureuses, ses actions contre les calomnies et ses intérêts contre les injustices, car la vie est un combat, et, de notre temps, un combat acharné; eh bien! malgré tout, mon cœur garde encore ses jeunes impressions de gaieté, et s'ouvre encore aux mêmes joies qu'autrefois! Comme dans ma première jeunesse, une amitié qui s'offre à moi excite mes joyeuses sympathies. Une idée de travail, un projet de livre, et je suis heureuse sans que les avantages du succès y soient pour rien, sans que le suffrage des autres soit nécessaire à mon plaisir; une fleur me charme encore, un oiseau me ravit tout un jour, une conversation spirituelle m'enchante, et, quoique les rudes épreuves de la vie ne m'aient pas manqué, à vrai dire, elles ne m'ont pas assez vivement émue pour m'enlever la gaieté. Le seul malheur qui ait atteint profondément mon âme est la perte de ceux que j'aimais, que la mort a enlevés. Tout le reste a passé sans laisser d'amertume, et pourtant j'ai souffert avec tout ce qui pense, en voyant les hommes ajouter par leurs divisions aux malheurs inévitables de l'espèce humaine; leurs efforts pour y remédier, et la transformation de la société à laquelle nous assistons, ont amené trop de troubles à notre époque pour ne pas jeter de cruelles impressions dans toutes les âmes, et j'avoue que j'ai ressenti parfois en moi-même une souffrance infinie pour des maux qui ne pouvaient jamais m'atteindre; ma sympathie générale est vive et profonde, souvent c'est elle qui m'a portée à écrire; il me semblait que je devais essayer de communiquer aux autres cette espèce de bien-être d'esprit qui m'était naturel, et dont je voyais tant de personnes manquer, même parmi celles qui réunissaient le plus de moyens de bonheur; j'en ai cherché la cause et le remède; mes ouvrages sont écrits sous l'influence de cette idée; parfois même, à mon insu, j'écrivais d'après les instincts de mon cœur, pour porter le cœur des autres à la résignation dans une société en révolte, et au dévouement dans un siècle d'impudent égoïsme, parce que j'étais convaincue que le bonheur est là, en nous-même, dans la satisfaction que nous donnent nos qualités, nos bonnes actions, nos sacrifices. D'ailleurs, si chacun se réformait, la société, par ce fait, serait réformée et heureuse ! On cherche toujours le ciel sur la terre, mais c'est seulement dans son propre cœur qu'on peut le trouver !

Ce fut à Paris et chez les personnes les plus distinguées et les plus intéressantes que je connus la société de notre pays. L'attrait qui m'entraînait vers les choses venant d'une intelligence éclairée me porta naturellement près de toutes les personnes remarquables de notre époque, et c'est ainsi que dans ce livre le mérite de ceux dont je parlerai donnera du prix à mes paroles. Chaque existence en ce monde est un petit poëme plein de péripéties. Parfois les plus pauvres destinées ont des grandeurs d'âme que l'on ignore, et parfois les plus magnifiques splendeurs ont des misères qui restent inconnues. Si les romans empruntent un intérêt puissant à ces détails intimes de la vie d'êtres imaginaires, il doit s'en attacher encore davantage à ce qui retrace le caractère, les paroles et les actions des personnes que leurs talents, leurs ouvrages, ou un mérite particulier, recommandent à notre attention; il doit même s'accroître alors en proportion de la valeur de ceux dont on parle, et c'est ce qui me fait espérer qu'il y aura quelque enseignement et quelque plaisir pour le lecteur qui viendra s'asseoir avec moi auprès de ces foyers éteints.

V[ie] ANCELOT.

SALONS DE PARIS

LE SALON
DE
MADAME LEBRUN

Trois siècles dans la moitié d'un. — Madame Lebrun, sa beauté, son talent, son esprit, son salon. — Portraits faits avant la Révolution. — Marie-Antoinette. — M. de Calonne. — Madame Lebrun est à la mode. — Réunions brillantes et joyeuses chez elle. — De grandes dames. — De très-grands seigneurs. — Le maréchal de Noailles. — M. de la Reynière et son toupet. — Le comte d'Espinchal et le mari qui a perdu sa femme. — Mot de David. Mot de Champcenetz. — Le souper grec. — Madame Lebrun en Russie. — Société russe. — Retour en France. — Essais de réunion. — Éléments nouveaux, vieux débris. — Cela ne peut reformer un tout, et s'éparpille en 1830. — Madame Lebrun survit aux amis de sa jeunesse; un seul lui reste, l'*art*. — La vieillesse de madame Lebrun, appuyée sur lui, est vaillante jusqu'au dernier jour.

Les personnes qui, sous la Restauration, ont pu voir et comprendre ce qui se passait et qui voient ce qui se passe à présent, en 1857, ont, pour ainsi dire, vécu trois fois dans trois siècles différents.

A chaque révolution, il se fait en quelques jours des changements tels, qu'un siècle paisible eût à peine suffi pour les accomplir.

Ce ne sont pas seulement les hommes au pouvoir qui changent ; ceux qui arrivent n'ont renversé les autres qu'au nom d'idées nouvelles ou du moins différentes, et comme tout se tient dans les sociétés, œuvres des hommes, de même que dans la nature, œuvre de Dieu, la loi politique exerce son influence sur les mœurs, sur les usages et même sur les modes, à plus forte raison sur les salons, réunions de plaisir, où chacun se produit et s'exprime avec ses passions, ses principes, ses idées et ses intérêts.

Quand nous parlons de *salons*, il est bien entendu que ce que nous appelons un salon n'a rien de commun avec ces fêtes nombreuses où l'on entasse des gens inconnus les uns aux autres, qui ne se parlent pas, et qui sont là momentanément pour danser, pour entendre de la musique et pour montrer des toilettes plus ou moins somptueuses.

Non, ce n'est pas là ce qu'on appelle un salon.

Un salon est une réunion intime, qui dure depuis plusieurs années, où l'on se connaît et se cherche, où l'on a quelque raison d'être heureux de se rencontrer. Les personnes qui reçoivent servent de lien entre celles qui sont invitées, et ce lien est plus intime quand le mérite reconnu d'une femme d'esprit l'a formé ; mais il en faut encore d'autres pour former un salon ; il faut des habitudes, des idées et des goûts semblables ; il faut cette urbanité qui établit vite des rapports, permet de causer avec tous sans en être connu, ce qui était jadis une preuve de bonne éducation et d'usage d'un monde où nul n'était admis qu'à la condition d'être digne de se lier avec les plus grands et avec les meilleurs. Cet échange continuel d'idées fait connaître la valeur de chacun ; celui qui apporte plus d'agrément est le plus fêté, sans considération de rang et de fortune, et l'on est apprécié, je dirais presque aimé, pour ce qu'on a de mérite réel ; le véritable roi de ces espèces de républiques, — c'est l'esprit !

Il y a eu autrefois en France plusieurs salons

de ce genre, qui ont donné le ton à tous les salons de l'Europe.

Les salons qui ont été le plus cités ont été ceux où l'on a porté le plus loin l'art de bien dire de bonnes choses, de prodiguer l'esprit, de le répandre pour le faire renaître et de le multiplier par le contact. Plusieurs de ces salons ont été célèbres, et si de notre temps ils ont été moins nombreux et moins en évidence, c'est que l'on a donné, en général, un emploi plus actif à l'intelligence, et que d'ailleurs la politique a fait tant de bruit qu'elle empêchait de rien entendre.

Enfin il reste toujours quelque chose des bonnes habitudes, et nous avons encore vu plusieurs réunions aimables qui présentaient l'agrément de ce que nous appelons un salon.

Mais, ces réunions nous ayant paru prendre, comme nous l'avons dit, un caractère différent chaque fois que le gouvernement a changé, nous diviserons nos observations en trois, d'après la diversité des époques :

Les salons sous la Restauration ;

Les salons sous le règne de Louis-Philippe ;

Les salons de nos jours.

Nous dirons ce qu'il y a eu de différence entre eux et ce qui leur fut commun.

Au milieu de ces trois époques distinctes, il y a bien eu un intermède de république, où quelques maisons ont été ouvertes et ont présenté de curieux sujets d'observation ; mais ce court espace de temps produit un peu l'effet de l'entr'acte dans une pièce de théâtre ; ce n'est ni sans intérêt ni sans importance. Cependant le spectateur paisible n'est pas appelé à en juger ; ce serait trop vif pour quelqu'un qui n'est venu chercher qu'un innocent et doux passe-temps.

Nous n'en parlerons donc guère, si nous en parlons.

Mais ce dont nous parlerons avec plaisir, parce que nous nous en souvenons avec bonheur et avec sympathie, c'est des salons ouverts sous la Restauration. Nous étions jeune, et notre esprit était ardent à toutes les choses de l'intelligence ; un nom célèbre nous faisait battre le cœur ; la vue d'une personne supérieure nous faisait trembler d'émotion, nous nous trouvions incapable de dire un mot, tant le respect et l'admiration nous troublaient.

Alors la jeunesse était ainsi ! Lorsqu'elle arrivait dans les salons, elle y portait un intérêt puissant, l'attrait du bien, le culte du beau. On sortait de l'Empire, qui avait exalté le sentiment de la gloire ; on rentrait sous la puissance des descendants de Louis XIV qui l'avait tant aimée, et tous les esprits, éblouis et charmés par cette vive lumière, ne pensaient encore nullement à cet or qui devait plus tard tout éclipser.

C'était le temps où Chateaubriand, Lamennais, de Bonald, de Maistre, étaient dans toute la grandeur morale de leur génie et de leur renommée.

C'était le temps aussi où Lamartine, Soumet, de Vigny, Ancelot, Casimir Delavigne, Hugo et plusieurs autres commençaient leur brillante carrière, et rien n'avait terni le pur éclat de ce lever de soleil.

Tous ces hommes supérieurs se retrouvaient dans les salons !

Et ce que ces salons si riches en grandes renommées de tout genre avaient encore de particulier, c'est que la haine et l'envie ne s'y montraient pas.

Nous ne parlons ici que des écrivains, et pourtant il ne faut pas oublier que la peinture possédait alors, pour ne citer que les plus illustres, Gérard, Guérin, Gros, Girodet; les sciences avaient un Laplace, un Cuvier, et plusieurs autres!...

« Que de richesses intellectuelles pour la vie de salon! que de trésors pour la science! Alors les plus célèbres vivaient dans la société et y trouvaient un délassement à leurs travaux. Ce fut encore une chose remarquable de la Restauration que cette urbanité des gens distingués. Ils se cherchaient pour échanger de bonnes idées, de bons sentiments et de bons procédés. L'amour commun du beau et du bien est le meilleur lien des esprits, et, grâce à lui, la société était *une*, malgré les nombreux salons où elle pouvait se réunir. »

Ainsi l'on recevait chez M. le comte de Chabrol, alors préfet de Paris, tout ce qu'il y avait d'écrivains en renom, d'hommes éminents dans les arts, dans les sciences, et aussi les gens de la cour et de la ville, qui se plaisaient avec eux.

Chez madame la duchesse de Duras, auteur de quelques romans pleins de grâce et d'esprit, il y avait plus d'éléments aristocratiques qu'ailleurs;

mais toutes les supériorités y étaient reçues comme des naturels du pays.

Chez madame la comtesse Baraguay-d'Hilliers, la gloire militaire dominait par ses souvenirs de famille et par la présence d'un assez grand nombre de maréchaux et de généraux de l'Empire. Parmi ces grands hommes de guerre, plusieurs ont écrit depuis ; il se plaisaient déjà aux travaux de l'esprit et accueillaient les jeunes écrivains avec un intérêt qui empruntait quelque chose à la curiosité.

Le salon du grand peintre Gérard réunissait un plus grand nombre d'artistes, comme celui de M. de Lacretelle et notre petite retraite voyaient arriver plus d'écrivains. Puis, chez madame Gay, se trouvaient des débris du Directoire, qui avaient bien aussi un véritable intérêt pour l'observateur. Dans chacun de ces salons il y avait un peu de tous ces éléments divers, et cela cependant formait un tout, un esprit général, dont les idées étaient sans cesse en communication. C'étaient comme les rayons dispersés d'un foyer plein de lumière et de chaleur.

Si nous n'avons pas nommé encore madame

Lebrun, dont le salon réunissait les conditions nécessaire pour être remarquable, c'est que nous allons d'abord vous en parler.

Mais on a peut-être oublié déjà ce que c'était que madame Lebrun ; nous allons le dire en quelques mots.

Elle fut célèbre par son talent, par sa beauté et par l'agrément de son esprit.

Son talent lui valut d'être admise aux académies de peintures de France, de Rome, de Parme, de Bologne, etc.; il fut même question de lui donner le cordon de Saint-Michel; la Révolution empêcha seule cette honorable distinction d'être accordée. On a bien écrit, bien parlé depuis en faveur des femmes et pour une prétendue émancipation qu'elles ne demandent pas; mais elles n'ont plus part à rien, et le temps ancien, bien calomnié de nos jours, faisait plus pour les femmes que celui d'aujourd'hui.

La beauté de madame Lebrun lui valut d'être une femme à la mode, et l'agrément de son esprit de garder longtemps cette faveur, qui l'entourait des gens les plus distingués de son siècle.

Tout ceci se passait avant la première Révolution.

Cette beauté, ce talent, cet esprit, furent dans tout l'éclat de leur brillante jeunesse sous le règne de Louis XVI, et la manière dont on accueillit et fêta ses avantages chez les princes et chez le roi prouve une fois de plus que l'on rendait alors justice à tous les genres de mérites, et que les faveurs de la cour venaient avec empressement en reconnaître et en rehausser l'éclat.

Madame Lebrun était fille de Vigée, peintre médiocre, et sœur du poëte Vigée, qui a laissé des vers charmants. Elle épousa M. Lebrun ; c'était un homme qui faisait le commerce des tableaux : malheureusement il était prodigue, désordonné dans sa vie, ami des grossiers plaisirs, et dépensait pour lui seul ce qu'elle gagnait par ses portraits, qui furent innombrables et presque toujours magnifiquement payés.

De beaux portraits de madame Lebrun se voient dans les musées, dans les galeries particulières, et se conservent dans les familles : ils ont tous un charme particulier, sont composés avec un goût parfait, malgré la bizarrerie des toilettes de cette époque, où le rouge, la poudre, les mouches et les paniers, si contraires aux arts, défiguraient la beauté ; car toutes les fois que la parure altère les formes et les couleurs naturelles, elle est de mauvais goût.

Il y a bien au Musée des portraits de la reine Marie-Antoinette en costume de cour ; mais ce sont des portraits officiels, comme on dit, et la toilette est ajustée avec tant de goût qu'elle n'a rien de choquant et s'accorde bien avec la majesté royale. Dans tous les tableaux de madame Lebrun où l'ajustement put être arrangé au gré du peintre, les cheveux sans poudre, les draperies élégamment jetées, laissent à la nature toute sa beauté.

Le succès immense qu'eurent les portraits de la reine et de toute la famille royale mirent bien vite en vogue le talent de la jolie femme ; elle eut aussitôt des amis, des admirateurs, des adorateurs, des envieux et des ennemis, ce cortége obligé de la gloire.

Mais elle était d'humeur douce et aimable ; elle avait du naturel, de la simplicité, de l'esprit, de la bonté ; elle fut très-entourée ; elle reçut et la cour et la ville. Grandes dames, grands seigneurs, hommes marquants dans les lettres, les arts et les sciences, tout affluait dans un petit logement qu'elle occupait rue de Cléry. C'était à qui serait de ses soirées, où souvent la foule était telle que, faute de siéges, des maréchaux de France s'asseyaient par terre, et le maréchal de Noailles, très-gros, avait la plus grande peine à se relever. On causait et on faisait de la musique ; la marquise de Groslier, la marquise de Sabran, la marquise de Rougé, la comtesse de Ségur et une foule d'autres parmi les grandes dames et les plus grands seigneurs se retrouvaient chez la jeune artiste ; les hommes les plus aimables, tels que le comte de Vaudreuil et ce charmant prince de Ligne, ce Belge qui eut plus qu'aucun autre homme l'esprit français, dont les bons mots sont célèbres, et qui a laissé quelques volumes fort goûtés des esprits délicats. Diderot, d'Alembert, Marmontel et la Harpe partageaient aussi tous les plaisirs des grands seigneurs qui se réunissaient chez madame Lebrun. L'égalité n'était pas encore dans la loi, mais elle était dans les mœurs beaucoup plus qu'elle n'y est maintenant que la loi l'a tant de fois proclamée.

Parmi les personnes qui fréquentaient alors le salon de madame Lebrun, était un fermier général fort riche, appelé Grimod de la Reynière, dont la femme se donnait de grands airs qui faisaient dire : *Elle est attaquée de noblesse*. Quant à lui, c'était un homme d'esprit, quoiqu'il se plût à se montrer original en toute espèce de choses. Jamais, par exemple, il ne posait son chapeau sur sa tête; mais, comme il avait prodigieusement de cheveux, son valet de chambre en construisait un toupet d'une hauteur démesurée. Un jour qu'il se trouvait à l'amphithéâtre de l'Opéra, où l'on représentait un nouveau ballet, un homme de petite taille, placé derrière lui, maudissait tout haut ce mur de nouvelle espèce qui lui cachait entièrement le théâtre. Las de ne rien voir, le petit homme commença par introduire un de ses doigts dans le toupet, puis deux, et finit par former ainsi une espèce de lorgnette, à laquelle il appliqua son œil... Sans doute il fut fort étonné que le possesseur du toupet n'eût pas bougé et l'eût laissé faire sans dire mot.

Mais, le spectacle fini, M. de la Reynière se lève, arrête d'une main le monsieur qui s'apprêtait à sortir, et, de l'autre, tirant un petit peigne de sa poche :

— Monsieur, lui dit-il avec un grand sang-froid, je vous ai laissé voir le ballet à votre aise pour ne pas nuire à votre plaisir, maintenant c'est à vous à ne pas nuire au mien : je vais souper en ville ; vous sentez qu'il ne m'est pas possible de me présenter dans l'état où vous avez mis ma coiffure, et vous allez avoir la bonté de me la raccommoder, ou demain nous nous couperons la gorge.

— Monsieur, répondit l'inconnu en riant, à Dieu ne plaise que je me batte avec un homme aussi complaisant que vous l'avez été pour moi ; je vais faire de mon mieux.

Et, prenant le petit peigne, il rapprocha et arrangea les cheveux tant bien que mal. Après quoi ils se séparèrent très-bons amis.

Le comte d'Espinchal, qui fréquentait alors assidûment la maison de madame Lebrun, avait un autre genre d'originalité. Il ne vivait que pour courir tout le jour après les nouvelles de salons, de théâtre, d'amour, de scandale ou de politique, au point que, si l'on avait besoin d'un renseignement quelconque sur qui ou sur quoi que ce fût, on disait : « Il faut s'adresser à d'Espinchal. » Il était mieux au fait de tout que le lieutenant de police. Une nuit, au bal de l'Opéra, où il reconnaissait toutes les femmes de la société qu'il fréquentait alors, comme il se promenait dans la salle, à la grande frayeur des dominos qui le fuyaient, il rencontra un homme qui lui était inconnu et qui courait de côté et d'autre, pâle, effaré, s'approchant de toutes les femmes en domino bleu, puis s'éloignant aussitôt d'un air désespéré. Le comte n'hésite pas à l'aborder, et lui dit avec intérêt qu'il serait heureux de l'obliger. L'inconnu lui apprend alors qu'il est arrivé le matin même d'Orléans avec sa femme, qu'elle l'a supplié de venir au bal de l'Opéra ; qu'il l'a perdue dans la foule, et qu'elle ne sait ni le nom de l'hôtel ni celui de la rue où ils sont descendus.

— Calmez-vous, dit M. d'Espinchal, votre femme est assise dans le foyer, à la seconde fenêtre. Je vais vous conduire près d'elle.

C'était la dame, en effet. Le mari, transporté, se confond en remercîments.

— Mais comment se fait-il, monsieur, que vous ayez deviné ?

— Rien n'est plus simple, répond le comte d'Espinchal ; madame est la seule femme du bal que je ne connaisse pas ; j'ai dû penser qu'elle était arrivée de province tout nouvellement.

Au milieu de ces gens titrés, de ces grands seigneurs et de ces riches fermiers généraux, madame Lebrun aimait et attirait particulièrement chez elle les artistes, et, à ce titre, David, le grand peintre, y avait été reçu avec empressement ; mais il s'y déplaisait et reprochait à la femme à la mode de recevoir les grands qui venaient la chercher.

— Ah ! lui dit-elle un jour, vous souffrez de n'être pas duc ou marquis ; mais moi, à qui les titres sont indifférents, je reçois avec plaisir tous les gens aimables.

David ne revint point et fut peu bienveillant pour la jeune artiste ; mais il aimait tellement son art, qu'aucune haine ne pouvait l'empêcher de rendre justice au talent. Ayant vu au salon d'exposition le beau portrait de Paësiello, que madame Lebrun avait envoyé de Naples, où elle l'avait fait, et ce tableau étant près d'un portrait de lui dont il n'était pas content, il dit tout haut devant un grand nombre de personnes :

— On croirait mon ouvrage fait par une femme, et le portrait de Paësiello par un homme !

Le comte de Rivarol, que son esprit avait rendu célèbre avant qu'il eût rien écrit, fréquentait aussi la maison de madame Lebrun. Il y amena son ami Champcenetz, qu'il appelait l'épigramme de la langue française. Champcenetz, condamné plus tard à mort par le tribunal révolutionnaire, demanda gaiement à ses juges s'il lui était permis de chercher un remplaçant comme dans la garde nationale.

Une des fantaisies de la charmante artiste fut de donner un soir à ses amis un *souper grec*, où les costumes, les meubles, la vaisselle et jusqu'aux mets étaient imités des repas antiques; et ce souper eut un immense succès. Fut-il un encouragement donné à notre pays pour imiter aussi les gouvernements de la Grèce? Qui sait? Ce qui est sûr, c'est qu'aux premiers symptômes d'une république, madame Lebrun, qui les aimait mieux sans doute en fiction qu'en réalité, quitta Paris et s'éloigna de la France. Elle se réfugia en Italie, cette terre des chefs-d'œuvre, où elle trouva non-seulement un abri contre les dangers de la Révolution, mais les jouissances infinies qu'une imagination d'artiste devait éprouver dans cette patrie des arts.

Madame Lebrun peignit à Rome quelques beaux portraits; mais il lui fallait refaire sa fortune, car elle n'avait rien apporté de France; tout ce qu'elle avait eu de ses nombreux ouvrages avait été perdu pour elle, et alors elle se décida à quitter la ville et le peuple des souvenirs pour un grand pays qui, en fait d'art, en était encore à l'espérance, la Russie. Mais dans ce pays on accueillait tous les travaux de l'intelligence de manière à les faire germer vite sur le sol, et madame Lebrun fut reçue à Saint-Pétersbourg avec autant de grâce et d'empressement que de magnificence par l'impératrice Catherine II et par toute sa cour. Madame Lebrun habita successivement Saint-Pétersbourg et Moscou; puis elle quitta la Russie, comblée d'honneurs et de richesses.

Lorsqu'elle arriva à Saint-Pétersbourg, on y parlait encore avec admiration de la grande munificence du prince Potemkin, dont on citait des traits dignes des *Mille et une Nuits*. Ayant le désir de plaire à la princesse Dolgorouki, elle se nommait Catherine comme l'impératrice, et, le jour de cette fête arrivé, le prince donna un grand dîner. Il avait placé la princesse à côté de lui. Au dessert, on apporta des coupes de cristal remplies de diamants, que l'on servit aux dames à pleines cuillerées. La princesse remarquant cette magnificence, il lui dit tout bas :

— Puisque c'est vous que je fête, comment vous étonnez-vous de quelque chose?

Plus tard, ayant appris qu'elle manquait de souliers de bal, qu'habituellement elle faisait venir de Paris, Potemkin fit partir un exprès, qui courut jour et nuit et rapporta les souliers.

L'on disait aussi que, pour offrir à cette princesse Dolgorouki un spectacle qu'elle désirait, il avait fait donner l'assaut à la forteresse d'Otsrakoff plus tôt qu'il n'était convenu et peut-être qu'il n'était prudent de le faire.

Potemkin était alors le favori de l'impératrice.

Mais la princesse Dolgorouki avait aussi des magnificences du meilleur goût. Lorsque madame Lebrun eut fait d'elle un beau portrait, l'artiste reçut une belle voiture et un bracelet fait d'une tresse de ses cheveux, sur laquelle des diamants étaient disposés de manière qu'on y lisait :

ORNEZ CELLE QUI ORNE SON SIÈCLE.

Après avoir quitté la Russie, madame Lebrun parcourut encore le reste de l'Europe, s'arrêta à Vienne et à Berlin, et rentra en France sous le Consulat. Mais elle n'y resta pas longtemps : sollicitée de faire un voyage à Londres, elle quitta de nouveau la France, y revint ensuite et en repartit encore; car madame Lebrun trouvait en tous lieux un accueil brillant qui la charmait et des débris de l'ancienne société française, dispersée dans toute l'Europe depuis la Révolution. Il lui fallait parcourir le monde pour retrouver une partie de ceux qui avaient été réunis chez elle jadis..., et ceux qui manquaient avaient payé de leur vie leur dévouement ou leur puissance; enfin madame Lebrun, après de longues années de pérégrinations glorieuses et fructueuses, se fixa définitivement à Paris et à Louveciennes, où elle acheta une délicieuse maison.

C'était sous la Restauration, et c'est alors que nous eûmes le bonheur de faire sa connaissance. Un goût très-vif pour la peinture, à laquelle nous consacrions chaque jour de longues heures, nous attirait vers cette célébrité aussi aimable que brillante; nous en fûmes reçue comme on recevrait quelqu'un de sa famille. Elle était par nature empressée et bienveillante pour tous, et elle fut particulièrement affectueuse pour nous.

En me reportant à cette époque et en me rendant compte de son âge, connu depuis, mais qu'elle pouvait parfaitement cacher, je vois qu'elle devait être alors dans sa soixante et dixième année, car elle est morte en 1842, à quatre-vingt-dix ans, vingt ans après.

Eh bien, elle me paraissait jeune, tant elle était vive, gaie, animée; et si parfois, au milieu de son salon qu'elle avait formé de nouveau, elle avait de douloureuses paroles sur ceux de ses amis qui avaient péri dans la tourmente révolutionnaire, c'était une interruption sans aigreur de sa bonne humeur naturelle, qui ne l'avait pas abandonnée.

Ah! c'est qu'elle avait gardé ce goût des arts et des plaisirs de l'esprit, qui soutient et élève l'âme au-dessus des choses de la terre, et fait, pour ainsi dire, échapper à la vie matérielle, dont on ne sent pas l'atteinte. Madame Lebrun peignait encore, et cette chère passion de sa jeunesse, à qui elle devait sa fortune et sa gloire, charmait toujours sa vie. Elle aimait encore la musique;

aussi entendait-on souvent chez elle d'excellents artistes. De ce nombre était madame Grassini, belle encore, bonne toujours, ayant conservé cette admirable voix de contralto qui l'avait rendue célèbre. Madame Grassini mériterait bien à elle seule une petite notice; reçue partout, aimée de tous, ayant un naturel bienveillant, spontané, vrai et original, parlant une espèce de jargon mêlé d'italien et de français, qui n'était qu'à elle, qui lui permettait de tout dire, et dont elle profitait pour faire les plus drôles de remarques et les plus drôles de confidences, rejetant la faute de ses paroles sur son ignorance de la langue, quand cela pouvait choquer ou blesser quelqu'un.

Les réunions de madame Lebrun avaient lieu le samedi soir, et l'on peut dire que ce salon présentait quelque chose de particulier qui ne se trouvait dans aucun autre. Là, les débris de l'ancienne cour étaient réunis après trente années, et Dieu sait ce qu'il peut rester d'une société après trente années pareilles de troubles, d'exil, de dangers et de malheurs ! Ces exilés se retrouvaient et pouvaient encore parler des jours heureux qui avaient précédé tant d'infortunes et les avaient vus réunis chez la même personne, dans l'éclat de la jeunesse et de la joie! Jamais navigateurs n'avaient ramené au port leur navire, après plus d'orages, plus de dangers, plus d'avaries!... Mais on revoyait le sol français et les rois auxquels on était resté fidèle!

Parmi ceux qui rentrèrent en France avec les princes, étaient quelques membres de la noble famille de la Tour du Pin. Je n'oublierai jamais l'un d'eux, le comte de la Tour du Pin de la Charce, beau, aimable, de belles manières, pleines de grâce : il est resté dans mon esprit comme le type de l'élégance gracieuse et digne des grands seigneurs, chez qui tout respirait la grandeur et l'urbanité.

Je vis là aussi le marquis de Boufflers; mais il était vieux, court, gros, mal habillé; et j'ai regretté de l'avoir vu ainsi : cela me gâtait l'image que je m'étais faite de ce charmant cavalier d'autrefois, si élégant, si spirituel et si gracieux. Il en était de même pour son beau-fils, le marquis de Sabran : rien non plus en lui ne faisait valoir son esprit distingué. Cependant, dès que l'un et l'autre parlaient, on reconnaissait des natures supérieures; c'était comme un parfum, s'échappant d'un vase grossier, qui révélerait à l'intérieur quelque chose de précieux.

On voyait aussi là le comte de Langeron et le comte de Saint-Priest, émigrés français, ayant pris du service en Russie.

Enfin, tout ce que madame Lebrun put retrouver de son ancienne société fut réuni avec quelques personnes nouvelles. De ce nombre était le marquis de Custine, jeune et spirituel; il a depuis voyagé dans toutes les parties de l'Europe et publié d'intéressants ouvrages sur les pays qu'il a parcourus; la vivacité de son esprit, la sagacité de ses observations, la justesse de ses aperçus et la manière piquante dont tout cela est exprimé ont fait un écrivain distingué d'un homme aimable.

Madame Lebrun, ayant ainsi réuni une société assez nombreuse, essaya de ramener les plaisirs qui jadis avaient amusé sa jeunesse; on voulut jouer des proverbes, des charades, on tenta même de petits jeux innocents. Tous les amusements de la brillante époque de sa vie furent tour à tour évoqués; mais les efforts de ce monde écroulé pour se reconstruire restèrent infructueux : il y avait bien encore des grands seigneurs aimables, il y avait toujours des artistes et des écrivains distingués, il y avait comme jadis un roi, un Bourbon, un homme d'esprit sur le trône, Louis XVIII; mais, de même qu'il se mêlait aux droits de la royauté des chartes et des constitutions inconnues de l'ancienne monarchie, il s'était introduit dans les salons une espèce d'esprit nouveau, apportant avec lui des idées, des souvenirs, des espérances qui dissolvaient l'unité; puis il manquait à tout cela la jeunesse. Nous étions bien là quelques jeunes femmes et quelques jeunes gens, mais nous y étions en étrangers au monde antérieur, nous ne pouvions nous identifier à un passé qui nous était presque inconnu, car on l'avait caché à la plupart d'entre nous, et ce que nous en connaissions ne nous était appris que par les passions de l'époque, qui le défiguraient. Le soir d'un jour d'orage, ceux qui y assistèrent, après avoir vu la campagne dans sa tranquille prospérité, peuvent seuls connaître les ravages qu'il a produits, mais au lendemain matin ceux qui n'ont vu ni la tempête ni le calme qui la précéda ne peuvent s'en faire une idée bien juste, et ne participent guère aux émotions de ceux qui en furent les témoins. Nos sympathies politiques, littéraires et artistiques nous faisaient aimer toutes ces personnes, mais sans les comprendre complétement; elles avaient vécu dans d'autres idées, dans d'autres habitudes, et la société n'avait plus d'unité. Puis la joie s'éteignait au milieu de ces gens âgés, comme les rayons d'un soleil d'hiver se refroidissent en tombant sur la glace; alors on parlait sérieusement du passé, de ceux qui n'étaient plus, et nous aimions mieux cela que les jeux enfantins essayés par des vieillards.

Mais un nouvel orage se formait, il éclata en 1830, et la plupart de ces vieillards suivirent une seconde fois la monarchie dans l'exil.

A partir de ce moment, la société de madame Lebrun ne fut plus qu'une petite intimité de quelques personnes restées fidèles, malgré la différence des âges. Les vieux amis, tels que le comte de Vaudreuil et le marquis de Rivière, n'existaient plus; chaque jour il en disparaissait; cependant on essayait encore de se retrouver quelquefois le soir dans l'appartement qu'occupait alors madame Lebrun, rue Saint-Lazare. C'était dans une grande maison avec jardin, où depuis on a bâti le manége qui est devenu une salle de concert : cette vieille maison avait été construite sur l'emplacement du *château du Coq*, hors Paris, toute la Chaussée-d'Antin étant de nouvelle construction, et c'est dans ce château du Coq que Henri IV coucha la veille de son entrée triomphale dans la ville de Paris.

Un très-grand salon réunit donc encore quelquefois, depuis 1830, un petit nombre d'amis de la célèbre artiste; de ce nombre était M. Charles Brifaut, qui joignait à un talent plus sérieux l'art de faire des contes charmants et de les dire à merveille, portant, dans ce salon comme partout, avec l'agrément de son esprit, les manières aimables du plus grand monde.

Le salon où madame Lebrun recevait ses amis était orné de quelques-uns de ses plus beaux portraits; ces tableaux joignaient souvent au mérite de la peinture l'intérêt qui s'attache aux personnages remarquables. Ainsi celui de la célèbre lady Hamilton (elle y était peinte en bacchante, les cheveux épars), se voyait à côté de celui de M. de Calonne, ce ministre qui ne trouvait rien d'impossible, si ce n'est pourtant d'empêcher la Révolution; la belle tête de Paësiello était peinte dans une admirable expression d'artiste inspiré; la figure fière et grave de l'impératrice Catherine II représentait en même temps l'esprit, la dignité et la grâce; en pendant, était le beau visage du roi de Pologne Poniatowski; plusieurs autres tableaux attestaient encore là le talent réel de l'illustre peintre.

A côté des peintres et des artistes illustres, la finance aussi comptait ses représentants; de ce nombre était un M. Boutin. La Révolution l'avait trouvé gai, spirituel, aimable et aimant les gens de talent, et les réunissant tous les jeudis à un dîner qu'il donnait dans une charmante maison, située sur les hauteurs d'un magnifique jardin qu'il avait nommé Tivoli. A cette époque, la rue de Clichy n'était pas bâtie, ni aucune des rues environnantes, et ce Tivoli, dont il existe encore une partie rue Saint-Lazare, était au milieu des arbres et presque en pleine campagne. Le riche financier Boutin périt pendant la Révolution; l'État s'empara de tout ce qu'il possédait; l'on donna des fêtes à Tivoli, et, depuis, un établissement de bains, une maison où logent et vivent en commun des personnes qui aiment à se trouver habituellement en société et en bonne compagnie, s'y sont établis; une portion du jardin fait l'agrément de cette maison, et le reste est un quartier tout entier. La foule s'amasse au lieu où d'autres ont vécu seuls et efface jusqu'au souvenir de leur nom. Un autre financier a mérité que le sien restât, c'est M. de Beaujon : il avait été le banquier de la cour sous Louis XV, avait amassé de telles richesses et déployait un tel luxe, qu'on allait voir par curiosité son hôtel, situé au faubourg Saint-Honoré, et connu maintenant sous le nom d'*Élysée Bourbon*. Un Anglais, jaloux de voir tout ce qu'on citait comme curieux à Paris, fit demander la permission de visiter ce bel hôtel. Arrivé dans la salle à manger, il y trouva une grande table dressée couverte de mets succulents, et, se retournant vers le domestique qui le conduisait :

— Votre maître, dit-il, fait terriblement bonne chère!

— Hélas! monsieur, répond le serviteur, mon maître ne se met jamais à table, on lui sert seulement un plat de légumes.

— Voilà du moins de quoi réjouir ses yeux, reprit le visiteur en montrant les tableaux.

— Hélas! monsieur, mon maître est presque aveugle.

— Ah! dit l'Anglais en entrant dans le second salon, il s'en dédommage en écoutant de la bonne musique.

— Hélas! monsieur, mon maître n'a jamais entendu celle qui se fait ici; il se couche de bonne heure dans l'espoir de dormir quelques instants.

L'Anglais, regardant alors le magnifique jardin:

— Mais enfin votre maître jouit au moins du plaisir de la promenade.

— Hélas! monsieur, il ne marche plus!

De questions en questions et d'hélas en hélas, l'Anglais apprit ainsi que le millionnaire Beaujon était le plus malheureux des hommes.

Mais le nom de Beaujon ne périra pas, et l'hôpital du faubourg du Roule qu'il fonda recommande ce nom comme celui du bienfaiteur de l'humanité.

Madame Lebrun nous racontait ainsi mille anecdotes sur toutes les personnes dont elle avait fait les portraits, et sa conversation y gagnait un piquant et une variété qui la rendaient infiniment agréable.

Mais, de tous les amis qu'elle nous vantait, celui qui semblait lui être le plus cher, car elle n'avait que des éloges et des admirations infinies pour lui, c'est le comte de Vaudreuil que nous vîmes chez elle, mais fort vieux. Il avait été aussi beau qu'aimable; les grâces de son esprit, les grâces de sa personne, en avaient fait un homme charmant, aimant les arts, se plaisant avec ceux qui les cultivaient. Dévoué aux princes avec une chaleur de cœur que les tristesses de l'exil et les glaces de l'âge ne refroidirent pas, il en était payé de retour. Vers la fin de sa vie, il eut une discussion assez vive avec le comte d'Artois, et à ce sujet il lui écrivit une longue lettre où il lui disait qu'il lui semblait cruel d'être ainsi brouillés après trente ans d'amitié.

Le prince lui répondit en deux lignes : « Tais-toi, vieux fou, tu as perdu la mémoire, car il y a quarante ans que je suis ton meilleur ami. »

Nous continuâmes à visiter madame Lebrun jusqu'à la fin de sa vie. Nous aimions cette personne attrayante, malgré son âge, et dont le caractère inspirait une véritable sympathie à ceux qui l'approchaient. Elle était même encore agréable à voir jusque dans les dernières années; sa beauté avait vieilli, mais ne s'était pas transformée en laideur; on la regardait avec plaisir.

Tous ses anciens amis avaient disparu, et il ne restait plus rien autour d'elle des temps heureux et brillants, quand elle s'éteignit sans maladies vers la fin de sa quatre-vingt-dixième année.

Ce fut une noble vie, remplie de travaux honorables et d'illustres amitiés; mais, comme toutes les vies qui atteignent à la veillesse, l'apogée de sa gloire et de ses succès était derrière elle depuis longtemps quand elle mourut en 1842.

On peut comparer ces belles existences qui se prolongent à la courbe de l'arc-en-ciel, dont les commencements sont vagues et indécis, le milieu élevé, radieux et resplendissant; puis les vives couleurs s'affaiblissent à mesure que le demi-cercle s'abaisse, les nuances lumineuses s'effacent, les teintes sombres prennent leur place, et le tout se perd dans l'obscurité.

LE SALON

DU

BARON GÉRARD

I. **Ma présentation chez Gérard. — Son portrait, son caractère, son esprit. — Ses salons. — Sa jeunesse. — Ses premiers succès. — David et Isabey. — Peintre des rois et roi des peintres. — Amis illustres : madame de Staël, Talleyrand, Pozzo di Borgo. — Anecdote : l'hymen de près et de loin. — M. de Humboldt et l'abbé de Pradt. — Duel à la parole. — Landon. — Malices de Gérard. — Cuvier. — Forbin. — Guérin. — Saint-Aignan. — Heim. — Les groupes. — Mesdames Gay et Delphine. — MM. Mérimée, Beyle. — Boutades de celui-ci. — Les bonnets de coton. — Les Bertin. — Autres temps.**

Dans les premières années de mon mariage, je fus présentée, un mercredi soir, chez Gérard par madame de Bawr, cette femme d'esprit dont on connaît les œuvres aimables.

C'était sous la Restauration.

Gérard, — nous le nommerons simplement

ainsi, — ne se faisait jamais annoncer avec son titre de baron, et ne portait les décorations nombreuses dont les souverains l'avaient gratifié que quand il y était obligé par son uniforme; ce n'était pas mépris pour ce qui lui venait des autres, mais peut-être juste estime de ce qui ne venait que de lui!... Il plaçait haut l'art auquel il avait consacré sa vie, et plus haut encore peut-être la dignité de son caractère, qui était plein, en effet, de nobles délicatesses. Gérard n'était pas vain, mais il était fier.

Indépendamment de sa haute renommée comme peintre, Gérard avait encore une grande réputation d'homme spirituel, et il possédait, en effet, l'esprit le plus fin, le plus judicieux, le plus flexible, joint au bon goût le plus délicat.

Sa conversation était aussi remarquable que ses ouvrages.

Ce qui me frappa d'abord à la première vue, au moment où j'entrai dans le salon de Gérard et où je portai les yeux sur lui, ce fut sa ressemblance avec les portraits de l'empereur Napoléon. C'était ce même type arrêté, ferme, accentué dans des traits fins et délicats; des yeux dont le regard était en même temps plein de profondeur et de sagacité : ils illuminaient tout le visage.

Gérard était né à Rome, en 1770, d'un père français et d'une mère italienne.

Peut-être cela explique-t-il en partie les nuances variées de sa nature, car il réunissait des qualités diverses et même opposées. Ainsi il avait l'exaltation poétique de l'artiste et la finesse maligne du critique : il semblait parfois s'abandonner naturellement à la confiance et à une charmante intimité, puis tout à coup il se montrait armé de susceptibilités infinies et de prétentions exigeantes. Peut-être son premier mouvement avait-il été, dans sa jeunesse, de croire aux autres, de les aimer et de s'y fier; mais, l'expérience atténuant en lui cette confiance native, il s'arrêtait et refoulait la sympathie dont il était l'objet en retenant visiblement la sienne... Il est vrai que, quand je l'ai connu, il n'était déjà plus jeune; il atteignait sa cinquantième année... Le monde et les hommes étaient trop connus de sa profonde sagacité : il était devenu défiant !

Gérard habitait une maison qu'il avait fait bâtir, rue Bonaparte, presque vis-à-vis l'église de Saint-

Germain-des-Prés. Quatre petites pièces dans lesquelles on tournait, puis une très-petite antichambre, composaient tout l'appartement de réception. A minuit, on servait un thé avec des gâteaux toujours pareils. Mademoiselle Godefroy, élève de Gérard, femme déjà âgée, et pleine de talent et d'esprit, faisait, avec un vieux valet de chambre, les honneurs du thé. Gérard causait; sa femme était à une partie de whist, et elle ne s'occupait de rien ni de personne; les cartes étaient sa grande affaire le soir...

Les meubles étaient très-simples, mais de bon goût. Quelques portraits de Gérard décoraient le plus grand salon, qui n'était guère vaste, et dans les autres pièces on voyait quelques dessins de lui, ou quelques gravures faites par des graveurs éminents d'après ses œuvres. Voilà tout ! Rien ne vous avertissait que vous étiez chez un grand artiste, chez un homme célèbre; mais vous n'y étiez pas pendant une demi-heure, que vous le sentiez. Vous aviez vu le maître de la maison, vous lui aviez parlé, cela suffisait; le souffle divin était là !

Quelque chose qu'eût fait Gérard, il y eût réussi de manière à se trouver en première ligne, et quoique né dans une condition inférieure, quelque haut qu'eût été le rang où il se fût placé, il n'eût jamais été un parvenu... c'était un arrivé !

Arrivé par la grande route, à ciel ouvert, au vu, au su et à l'approbation de tous.

Mais parfois ceux qui ont été forcés de se faire eux-mêmes une position, d'y trouver des ressources pour la vie de chaque jour, ont eu dans la jeunesse des moments cruels dont le reflet attriste encore les belles années. Gérard avait eu quelque chose de ces malheurs, et il en gardait de tristes souvenirs. Marié très-jeune, il avait été dans une grande gêne, voisine de la pauvreté; il parlait quelquefois d'un temps où il avait manqué des choses nécessaires à la vie. Mais ce dont il ne parlait jamais, et qui avait laissé des traces sombres au fond de son esprit, c'est qu'élève de *David*, aux tristes jours de la Révolution, il avait eu le malheur de se laisser comprendre au nombre des jurés du tribunal révolutionnaire. Cet épisode de sa jeunesse troublait les triomphes de sa vie. Cependant Gérard n'avait pris part à aucune mauvaise action, et, effrayé du rôle qu'on voulait lui faire jouer, il avait cherché dans les travaux de l'art, qui devait l'illustrer et l'enrichir, un prétexte pour renoncer promptement à la politique... Mais il lui était resté de ses relations avec les hommes de ce temps-là quelques amis fâcheux et gênants, qui se montraient d'autant plus empressés à le chercher, que sa position était entourée de considération sous l'Empire qui venait de s'écrouler, comme sous la Restauration qui florissait alors.

Dans les jours difficiles du commencement de sa carrière, c'est à l'amitié généreuse d'Isabey, déjà célèbre comme peintre en miniature, que Gérard dut la possibilité d'exécuter son *Bélisaire*, et un peu après son tableau de l'*Amour et Psyché*, deux ouvrages de premier ordre et qui le placèrent au premier rang.

Plus tard, quelques charmants portraits, exposés aux Salons, lui donnèrent une vogue immense, et, de 1800 à 1810, le nombre des portraits que fit Gérard est incalculable. Les sommes qu'il y gagna furent très-considérables, et quoiqu'il eût une noble générosité et une maison très-bien tenue, il amassa une belle fortune.

Il avait fini par peindre toutes les têtes couronnées de l'Europe, et l'on disait de lui que, s'il était le peintre des *rois*, il était le *roi* des peintres.

Si les ouvrages multipliés de Gérard ajoutèrent à sa réputation et à sa fortune, ils accrurent aussi le nombre de ses amis; car, dans tous ces grands personnages de l'Europe qui voulurent avoir leur portrait par le peintre à la mode, beaucoup tinrent à honneur et à plaisir de garder l'amitié d'un homme dont ils avaient pu apprécier l'esprit étendu, élevé, aimable et piquant. Madame de Staël, le prince de Talleyrand et Pozzo di Borgo furent de ce nombre.

A l'époque où je fus présentée chez Gérard, il était professeur à l'École spéciale des beaux-arts, membre de l'Institut, baron, premier peintre du roi, officier de la Légion d'honneur, chevalier de l'ordre de Saint-Michel et de plusieurs ordres étrangers. Il venait de finir, avec une célérité prodigieuse et un grand bonheur, son beau tableau de l'*Entrée de Henri IV à Paris*, qui avait un immense succès, et je puis dire que le moment où je connus Gérard était celui de l'apogée de sa gloire.

Le premier mercredi où je fus amenée chez lui, j'éprouvai une réelle émotion, et mon attention fut constamment éveillée.

Gérard causait admirablement; on faisait cercle autour de lui, et il passait successivement des discussions les plus sérieuses, car son instruction était profonde sur tous les points, aux récits les plus variés. Ce jour-là, il raconta gaiement une petite anecdote que je n'ai jamais oubliée, à cause du jour où je l'entendis. Il disait :

— Un peintre, nommé Carlo Pedrero, vit un jour arriver chez lui un jeune seigneur de Florence, qui lui demanda un tableau représentant l'*Hymen*.

— C'est pressé, dit-il; je veux l'avoir la veille de mon mariage avec la belle Francesca. Il faut que le dieu de l'hyménée soit accompagné de toutes les grâces et de toutes les joies; que son flambeau soit plus brillant que celui de l'Amour; que l'expression du visage soit plus céleste et que son bonheur paraisse plus emprunter au ciel encore qu'à la terre. Faites un effort d'imagination, et je vous payerai votre tableau en conséquence.

Le peintre se surpassa, et ce fut un vrai chef-d'œuvre qu'il apporta la veille de la noce; mais le jeune homme ne fut point satisfait et prétendit que l'Hymen était loin d'être dépeint avec tous ses charmes.

— Je comprends bien, dit le peintre, que vous soyez mécontent; c'est que vous m'avez forcé d'apporter si promptement mon travail, que vous ne le voyez pas tel qu'il sera. J'emploie mes couleurs de telle façon, que mon ouvrage ne paraît rien dans les premiers jours; mais je vous le rapporterai dans quelques mois, alors vous me le payerez suivant sa beauté; je suis certain qu'il vous paraîtra tout autre.

En effet, le peintre emporta son tableau. Le fiancé se maria le lendemain, et plusieurs mois se passèrent sans qu'on entendît parler de l'artiste. Enfin il revint avec son tableau; et le jeune seigneur florentin s'écria en le revoyant :

— Ah! vous aviez eu bien raison de dire que le temps embellirait votre peinture! Quelle différence!... Cependant je ne puis m'empêcher de vous dire que le visage de l'Hymen est trop gai; vous lui avez donné un air enjoué qui ne le caractérise nullement.

— Monsieur, reprit alors le peintre en riant, ce n'est pas ma peinture qui a changé, mais vos sentiments qui ne sont plus les mêmes; vous étiez amoureux il y a quelques mois, actuellement vous êtes mari.

Gérard achevait le récit au milieu des témoignages de gaieté qu'il avait fait naître, quand un homme, debout devant lui, prit la parole, en disant :

— Et savez-vous ce qui arriva depuis?

Les yeux se tournèrent vers celui qui faisait cette question. C'était un homme à peu près de l'âge de Gérard, d'une taille un peu plus élevée, d'une figure fine, spirituelle et vive, et dont tout l'extérieur représentait assez bien un vieux gentilhomme d'ancienne race, avec sa distinction, son insouciance et son esprit. Cet homme ajouta en souriant :

— Le peintre, content de la somme qu'il reçut, promit de représenter l'Hymen de façon à plaire en même temps aux amoureux et aux maris, et, après quelques mois, il ouvrit son atelier au public pour l'exposition de ce chef-d'œuvre, peut-être imprudemment promis. Le public arriva... mais on entrait en petit nombre à la fois. C'était dans une très-longue galerie que le tableau était placé, et tout au bout. Le prestige des couleurs y était ménagé avec un art qui faisait paraître charmant le portrait de l'Hymen à ceux qui le regardaient de loin; mais de près ce n'était plus la même chose, et l'on n'y retrouvait rien de ce qui vous avait charmé!

La plaisanterie fut applaudie par Gérard avec un aimable rire qui se propagea. J'en profitai pour demander quel était cet agréable conteur dont le visage était si spirituel et ajoutait par l'expression tant de finesse à ses paroles; ma surprise fut grande en apprenant que c'était le savant M. de Humboldt. Sa célébrité universelle désignait à mes yeux un homme d'études, de réflexions profondes et d'une immense érudition. La spirituelle gaieté, la vive imagination que j'eus occasion de reconnaître en lui par la suite, me frappèrent d'abord d'étonnement; depuis je me suis convaincue que l'on n'atteignait toutes les hauteurs et les profondeurs de la science qu'avec une vive imagination, de même que l'on n'arrive au premier rang dans les arts de l'imagination que quand on y ajoute les avantages de l'étude et d'une instruction générale et approfondie.

Ce même soir où s'ouvrait pour moi cette maison à laquelle se sont attachés tant de souvenirs chers et précieux, on attendait un homme remarquable, dont il était fort question à cette époque, l'abbé de Pradt. Gérard, qui le connaissait depuis longtemps, lui ménageait cette entrevue avec M. de Humboldt, qui ne l'avait jamais vu.

M. de Humboldt parlait bien et beaucoup; l'abbé de Pradt parlait bien et toujours. Peut-être y avait-il un peu de curiosité malicieuse dans le plaisir que Gérard se promettait de leur rencontre.

Dans son salon il n'était pas d'usage d'annoncer; il fallait donc attendre du hasard ou de la complaisance de quelqu'un les noms des personnes qui étaient réunies ; heureusement je retrouvai là deux ou trois de mes connaissances qui m'aidèrent à placer sur les visages les noms presque tous célèbres des personnes que renfermaient les salons de Gérard.

Vers la fin de la soirée, c'est-à-dire après minuit, l'abbé de Pradt arriva, et Gérard le mit en rapport avec M. de Humboldt. Tous deux avaient beaucoup à dire, car tous deux pensaient beaucoup; ils avaient des idées sur toute chose. L'abbé prit le premier la parole et la garda; seulement il eut le malheur de tousser pendant quelques secondes, et son auditeur passa à l'état d'orateur. Il ne perdit pas de temps; les mots se pressaient, les idées les poussaient, et il jaillissait de vives étincelles de ce choc. Tout le monde qui était dans le salon écoutait religieusement; on crut que la Prusse l'emporterait pour la sagacité ingénieuse de ses aperçus et la durée de ses paroles; mais il fallut se moucher, et l'abbé de Pradt reprit ses avantages. Son éloquence était entraînante, et il faisait si bien valoir toutes les raisons de ses opinions, que, tant qu'il parlait, chacun pensait avec lui et comme lui. M. de Humboldt eut bien de la peine à saisir entre deux phrases un moment pour reprendre le fil de son propre discours; mais l'abbé n'avait pas fini le sien et le continua. Il s'ensuivit un véritable duo : tous deux parlaient en même temps et ne s'en apercevaient pas. Chacun eut ses auditeurs qui l'écoutèrent exclusivement, et eux-mêmes s'entendaient réciproquement tout en parlant. M. de Humboldt a dit depuis en riant qu'il n'avait pas perdu un mot de l'abbé; et, pour le prouver, il répétait tout ce qu'il avait dit, en imitant le son de sa voix et ses inflexions, de manière qu'on eût pu s'y méprendre.

Gérard s'amusa beaucoup de cette petite lutte, où il n'y eut pas de vaincu. Il avait une fine et malicieuse gaieté qui ne laissait rien perdre, et dont parfois il se servait comme d'une arme assez aiguë contre ses rivaux et ses ennemis. Ainsi il y avait eu avec lui à l'atelier de David un élève nommé Landon. C'était un homme prétentieux, comme sont la plupart des gens sans grande valeur. Landon essayait de juger ce qu'il ne pouvait pas faire, et, à chaque exposition, il publiait une petite brochure sur les ouvrages des autres. Il paraît qu'il avait assez maltraité Gérard. Mais, comme la plupart des critiques, à peine les choses désagréables étaient-elles sorties de sa plume, qu'il ne se les rappelait plus ; et, la maison de Gérard étant bonne et agréable, il continuait d'y venir et de traiter le maître en ami. Au milieu de cela, il faisait lui-même quelques tableaux qui, grâce à ses écrits, obtenaient toujours les meilleures places. Landon pouvait donc se croire beaucoup de talent, et, ayant destiné un ouvrage à l'exposition, il invita un assez grand nombre de personnes à venir le voir à son atelier. Gérard fut du nombre, et, après avoir longtemps regardé cette mauvaise peinture, étant bien sûr d'ailleurs du jugement que son prétendu ami porterait sur ses propres tableaux par la manière dont il les avait regardés chez lui la veille, Gérard, après un examen minutieux du travail de Landon, lui prit la main avec effusion ; et, comme l'autre le pressait d'exprimer son opinion devant tous, croyant être sûr de ses éloges :

— Oh ! mon ami, lui dit affectueusement Gérard, que vous êtes heureux, vous !... car vos tableaux ne seront pas les plus mauvais de l'exposition, grâce à ce que vous m'avez dit des miens.

Puis il sortit, pendant qu'un éclat de rire général accueillait ses paroles.

Plus tard, on parlait un jour devant lui des peintures que Gros venait de faire à Sainte-Geneviève, et quelqu'un remarquait les proportions colossales des figures.

— Oui, dit Gérard, c'est plus *gros* que nature.

Dans cette maison où l'on causait et où l'on écoutait, j'arrivai un soir un peu tard, et je vis dans le premier salon un homme d'un certain âge, mais d'une apparence vigoureuse et d'une physionomie animée, qui m'était inconnu; il se tenait debout, appuyé contre un panneau de la boiserie, et autour de lui une douzaine de personnes, debout aussi, l'écoutaient attentivement. Il parlait de l'Asie, des peuples anciens de ces belles contrées, de leurs lois, de leurs écrits, et du degré de leur intelligence. Il jugeait aussi bien les petitesses et les grandeurs de notre état social que les splendeurs et les vices des civilisations passées. C'était un admirable enseignement, en même temps qu'une spirituelle causerie; je n'avais rien entendu de pareil!

Quand il s'arrêta, quelqu'un qui arrivait me demanda qui c'était.

— Je l'ignore, répondis-je; mais ce ne peut être que M. Cuvier.

Gérard m'entendit et me le présenta, en lui disant que je venais de le deviner; ils étaient amis et dignes de l'être.

Le nombre infini de personnes de distinction que je vis dans la maison de Gérard est presque impossible à dire.

C'était le comte de Forbin, élégant, aimable et portant également bien deux situations fort différentes, celle de gentilhomme et celle d'artiste; elles se résumèrent plus tard pour ainsi dire dans sa position de directeur des musées. C'était Guérin, le peintre charmant d'*Énée racontant à Didon ses aventures* et de plusieurs beaux tableaux qui eurent le don de plaire vivement au public et d'être fort maltraités par la critique. L'on voyait encore chez Gérard Pozzo di Borgo, cet Italien aimable et rusé, qui faisait à Paris de la diplomatie russe avec le titre d'ambassadeur. Puis le comte de Saint-Aignan, élégant et aimable seigneur, qui peignait comme un artiste; le célèbre graveur, baron Desnoyers; M. Heim, que la gloire est obligée d'aller chercher, tant il est uniquement absorbé par l'amour de l'art, etc.

La société étant fort nombreuse et divisée dans quatre pièces, il se formait de petites réunions dans la grande; chacun trouvait dans l'innombrable variété de ce salon à choisir selon ses goûts, et je ne tardai pas à avoir mon petit groupe de causeurs qui venaient se réunir autour de moi; je n'entrais presque jamais dans le salon où l'on jouait le whist à deux tables, avec une vivacité et une passion qui absorbaient cette partie de la société, bien que le jeu n'eût pas un grand intérêt d'argent. Je fus bientôt fort assidue à cette charmante société, et ceux que j'y connus devinrent pour la plupart mes amis. Dès que j'arrivais, j'étais entourée par eux, et, quoique la soirée se prolongeât dans la matinée du lendemain, car on passait toujours minuit et de beaucoup, la conversation ne cessait pas d'être vive et animée dans notre petit cercle. Mais aussi quels causeurs aimables ! C'était M. Mérimée, chez qui la rectitude du jugement, la simplicité élégante de l'expression et le sentiment profond du vrai ajoutaient tant de puissance à l'originalité d'idées ingénieuses et spontanées. C'était M. Eugène Delacroix, dont la douce et fine conversation avait autant de grâce, de retenue et de réserve que son génie de peintre avait d'élan, de fougue et d'inspiration. Puis cet aimable et charmant baron de Mareste, dont la spirituelle plaisanterie, toujours empreinte de bienveillance, garde ce bon goût de la meilleure compagnie d'autrefois, qui ne l'empêche pas d'être sympathique à tout ce qui est bon dans la société d'aujourd'hui, et enfin ce Beyle (Stendahl)[1], dont rien ne peut rendre la piquante vivacité. Voilà ce qui faisait le fond de cette conversation délicieuse. M. Mérimée et M. Beyle avaient ensemble des entretiens inimitables par l'originalité tout à fait opposée de leur caractère et de leur intelligence, qui faisait valoir l'un par l'autre et élevait par la contradiction, à leur plus grande puissance, des esprits d'une si haute portée! Beyle était ému de tout et il éprouvait mille sensations diverses en quelques minutes. Rien ne lui échappait et rien ne le laissait de sang-froid, mais ses émotions tristes étaient cachées sous des plaisanteries, et jamais il ne semblait aussi gai que les jours où il éprouvait de vives contrariétés. Alors quelle verve de folie et de sagesse! Le calme insouciant et légèrement moqueur de M. Mérimée le troublait bien un peu et le rappelait quelquefois à lui-même; mais, quand il s'était contenu, son esprit jaillissait de nouveau plus énergique et plus original. Personne n'avait de plus vives sympathies, mais aussi des inimitiées plus prononcées : dans ces inimi-

[1] L'auteur de *Rouge et Noir*, de la *Chartreuse de Parme*, etc

tiés se trouvait madame Gay, qui venait de temps en temps chez Gérard avec sa fille Delphine[1], alors dans tout l'éclat de sa beauté. On a plus tard beaucoup flatté ces dames, lorsqu'elles disposaient d'un immense pouvoir, un des premiers journaux de Paris ! Mais à cette époque leur situation était loin d'être brillante, et madame Gay était peu aimée; toutes ses paroles très-vives, très-animées et dites d'une voix très-haute et peu agréable, consistaient à dire beaucoup de bien d'elle et beaucoup de mal des autres. Depuis, la beauté et le talent de sa fille la firent admettre chez plusieurs personnes, qui alors la fuyaient; chez moi d'abord, qui aimais beaucoup Delphine et qui regarde encore avec affection et tristesse un petit portrait à l'huile que je fis d'elle à cette époque. L'éclat de son teint et de ses cheveux, sa haute taille bien prise et ses yeux d'un beau bleu en faisaient une remarquable beauté; cependant son nez aquilin très-long, ses lèvres minces et un menton avancé donnaient au bas de son visage quelque chose d'hostile et de peu agréable. Sa mère avait la ma-

[1] Depuis, madame Émile de Girardin.

nie des ... tres et toujours la bouche pleine de comtes, barons et marquis; elle aurait bien voulu la marier avec quelque vieux duc. Delphine fit mieux, elle épousa un jeune homme d'esprit (bientôt une puissance), et elle dut à ce mariage une situation qui lui convenait mieux que celle des plus grandes dames.

A cette époque, elle commençait à faire des vers qui n'annonçaient pas le talent remarquable qu'elle eut depuis, mais elle les disait avec ses vingt ans, éblouissante de fraîcheur; et c'était quelque chose de charmant. Beyle, qui n'aimait guère en général ce qui faisait trop d'effet, avait de plus les antipathies que j'ai dites pour ces dames, et, lorsqu'elles arrivaient dans notre petit cercle, il lançait de tels propos singuliers et parfois saugrenus, qu'il parvenait à les en éloigner. Mais, quand madame Gay, qui aimait beaucoup le jeu, nous laissait Delphine seule, la conversation redevenait charmante, et elle y participait d'une façon tout à fait spirituelle.

Il est impossible de donner une idée complétement juste de l'originalité et des boutades de Beyle. Dans les premiers temps où je le voyais chez Gérard, il ne venait pas chez moi, et j'hésitais à l'inviter, quoiqu'il me cherchât avec empressement et que sa conversation me fût extrêmement agréable; mais j'avais déjà pu observer qu'il était contrariant par nature et par calcul, et je ne voulais pas lui témoigner le désir de le recevoir, afin de ne pas lui ôter l'envie de venir; or il me dit un jour :

— Je sais bien pourquoi vous ne m'invitez pas à vos mardis, c'est que vous avez des académiciens !

En effet, je recevais alors MM. le Montey, Campenon, Lacretelle, Roger, Baour-Lormian, Auger, secrétaire perpétuel, etc.

— Et, ajouta Beyle, vous ne pouvez pas m'inviter avec eux, moi qui écris contre eux.

Beyle venait de publier une brochure qui commençait ainsi : *Ni M. Auger ni moi ne sommes connus du public*... et cette brochure était une épigramme continuelle contre l'Académie, qui ne s'en inquiétait guère et qui est habituée à ce qu'on enfonce ses portes avec cette artillerie-là; aussi je n'avais nullement regardé cette brochure comme un titre d'exclusion; je crus donc devoir le dire à Beyle, en l'invitant pour le mardi suivant; il accepta, à la condition qu'il se ferait annoncer sous celui de ses noms qui lui conviendrait ce jour-là.

Le mardi matin, je reçus de lui son volume qui contenait une vie d'Haïdn écrite sous le nom de *César Bombay*.

Le soir, de bonne heure, comme je n'avais pas encore beaucoup de monde, on annonça M. César Bombay, et je vis entrer Beyle plus joufflu qu'à l'ordinaire et disant :

— Madame, j'arrive trop tôt. C'est que moi, je suis un homme occupé, je me lève à cinq heures du matin, je visite les casernes pour voir si mes fournitures sont bien confectionnées; car, vous le savez, je suis le fournisseur de l'armée pour les bas et les bonnets de coton. Ah! que je fais bien les bonnets de coton! c'est ma partie, et je puis dire que j'y ai mordu dès ma plus tendre jeunesse, et que rien ne m'a distrait de cet honorable et lucrative occupation. Oh! j'ai bien entendu dire qu'il y a des artistes et des écrivains qui mettent de la gloriole à des tableaux, à des livres! Bah! qu'est-ce que c'est que cela en comparaison de la gloire de chausser et de coiffer toute une armée, de manière à lui éviter les rhumes de cerveau, et de la façon dont je fais avec quatre fils de coton et une houppe de deux pouces au moins...

Il en dit comme cela pendant une demi-heure, entrant dans les détails de ce qu'il gagnait sur chaque bonnet; parlant des bonnets rivaux, des bonnets envieux et dénigrants qui voulaient lui faire concurrence. Personne ne le connaissait que M. Ancelot, qui se sauva dans une pièce à côté, ne pouvant plus retenir son envie de rire, et moi qui aurais bien voulu en faire autant; mais je gardais mon sang-froid avec courage, curieuse de voir ce qui allait arriver de cela. Mais il n'arriva rien, qu'une foule d'épigrammes sur tout ce que faisait chacun : livres, pièces de théâtres, vers, tableaux, auxquels, disait-il, il ne connaissait rien, mais qu'il arrangeait de main de maître, avec ses bonnets de coton, qui atténuaient médiocrement les traits affilés et fort aigus qu'il décochait à qui de droit.

Plus tard arrivèrent des personnes qui le connaissaient; mais il y avait alors grand monde. La conversation n'était plus générale, et nul ne se fâcha de la mystification.

La première fois qu'il m'écrivit après sa nomination au consulat de Civita-Vecchia, il signa *Giroflay* et data de Smyrne. Heureusement alors je connaissais son écriture indéchiffrable, et je devinai que c'était lui.

Au reste, à cette époque, Beyle faisait des livres que personne ne lisait. Ses amis lui disaient qu'ils étaient mauvais, et parfois il le croyait lui-même. J'eus pourtant toutes les peines du monde à me procurer un exemplaire de son livre sur l'*Amour;* il était introuvable. Quand j'en eus un, le seul qui existât, et que je lui en parlai, il prétendit que toute l'édition avait été mise à bord d'un vaisseau pour servir de *lest,* le libraire se trouvant trop heureux de se débarrasser ainsi d'un ouvrage qui depuis cinq ans encombrait ses magasins, sans qu'il en vendît un seul exemplaire. Il disait cela gaiement, en ajoutant comme une plaisanterie :

— Que voulez-vous ? on est trop bête à présent en France pour me comprendre.

Je vis, un soir, arriver chez Gérard un homme de haute taille, un peu gros, et qui portait fièrement une belle et noble tête dont le regard était plein d'intelligence et de finesse. Gérard fut à sa rencontre avec toutes sortes d'égards, et lui parla avec une déférence qui me donna l'idée d'une réception princière. Ce devait être au moins l'hospodar de quelque Valachie ou Moldavie. C'était bien plus, vraiment ! c'était M. Bertin, qui avec son frère avait fondé le *Journal des Débats*. J'y vis aussi son frère, qui fut pair de France, et qu'on appelait Bertin de Vaux, pour le distinguer de l'autre. Le public les désignait autrement; on les nommait : Bertin l'ancien ! Bertin le superbe !

Celui que je voyais là pour la première fois était le superbe; il n'était déjà plus jeune, mais il était beau et il avait grand air. Du reste, ses manières et ses habitudes répondaient à cette fierté visible. Ainsi il laissait à Duviquet, alors rédacteur du feuilleton de théâtre, la stalle, seule petite faveur octroyée alors par les directions théâtrales, et ne faisait pas même usage pour lui des entrées que lui valait son titre de propriétaire et gérant du journal. M. Bertin louait des loges pour sa famille et payait pour lui, quand il allait seul au spectacle, ne voulant pas, disait-il, être onéreux à qui que ce fût.

Ce respect des intérêts des autres qu'on retrouvait dans tous les articles du *Journal des Débats*, et l'esprit de justice qu'ils exigeaient de leurs rédacteurs, et dont s'écartaient rarement des hommes tels que MM. de Féletz, Hoffman, Dussault, etc., etc., entouraient les Bertin d'une très-grande considération et leur valaient de belles et honorables amitiés, comme celles de Chateaubriand et de Gérard; car nous n'hésitons pas à mettre le nom de Gérard à côté des noms les plus illustres et les plus honorés.

Plus tard, quand les invectives eurent remplacè cette critique respectueuse, à la fin de ces soirées encore brillantes et toujours animées du mercredi, Gérard venait parfois à moi dans un coin de ce salon dépeuplé, et là, dans des paroles plus confiantes, il découvrait une partie des souffrances intérieures de son âme, et j'y ai vu les amers regrets que laisse l'injustice au cœur de ses victimes; car, de tous les maux, les plus cruels sont ceux que vous cause la mauvaise foi.

II. 1830. — Décadence sociale. — L'égalité chez les républicains. — Baron de Mareste. — Mazères. — Comte de Vigny. — La ville de Miremont. — Delécluze. — Patin. — La princesse Belgiojoso, etc. — Les lundis d'Auteuil. — Rossini. — Belle mort de Gérard.

La Révolution de juillet 1830 enleva à la société de Gérard toutes les personnes de distinction qui tenaient au gouvernement de Charles X, et qui se faisaient remarquer par cette délicatesse élégante et cette dignité simple et naturelle qui étaient le caractère particulier de la cour des Bourbons de la branche aînée; de même, les talents d'un ordre élevé qu'elle avait fait éclore ou mis en lumière s'éloignaient d'un monde où leurs sympathies politiques et littéraires trouvaient des gens qui les blessaient, et, comme Achille offensé, vivaient sous leur tente. Ils faisaient place aux intérêts plus grossiers, plus violents, plus avides, qui s'emparèrent alors de tout. Il faut reconnaître qu'en France, malgré l'instinct très-prononcé pour l'opposition et la critique permanente du pouvoir, on a, à un degré aussi fort, l'imitation des manières de ce même pouvoir qu'on blâme, et que le bourgeois frondeur singe et exagère les défauts ou les qualités du souverain. Louis-Philippe croyant devoir montrer des habitudes communes, tout prit à l'instant en France un air vulgaire et des idées mercantiles : ce ne fut plus le beau et le bien qu'on chercha dans les arts, mais le facile et le prompt, et ce ne fut plus la gloire, mais l'argent qui dut être le but; les rivalités prirent donc un caractère d'envie et d'animosité participant de la bassesse du sentiment qui les inspirait. En France, un souverain qui n'aime que le beau moral et le beau matériel élève à l'instant le cœur et l'intelligence de tous les Français; on fait alors des prodiges à la guerre, pendant que des prodiges d'un autre genre s'élèvent comme par enchantement.

Les salons de Gérard avaient donc perdu leur plus grand charme après 1830; les élégants seigneurs et les poëtes distingués y étaient un peu trop remplacés par des rapins barbus et des poëtes incompris; je m'aperçus d'autant plus de ce triste changement, que des malheurs personnels m'avaient tenue loin des réunions pendant plusieurs années. Il m'arriva depuis, après une autre révolution et une autre absence du salon d'un homme politique, d'être témoin d'un changement qui me surprit davantage; j'étais amie d'une femme dont le mari était au *pouvoir*, toujours et sous tous les gouvernements possibles. Elle me tourmenta pour venir un soir à une réunion dans le palais que les fonctions de son mari lui faisaient occuper après 1848 comme avant... J'y allai en 1849 pour voir un peu quelle figure faisait une république, ou plutôt nos républicains. Quelle fut ma surprise! jamais je n'avais vu plus de décorations, de plaques, de rubans et de croix de toutes les couleurs. C'était comme un assaut de signes de distinction depuis que nous étions tous égaux.

Cependant il restait encore chez Gérard des éléments de conversation plus aimable que partout ailleurs : M. Mérimée, M. le baron de Mareste et M. Eugène Delacroix y venaient toujours.

Nous avions encore M. Mazères, le spirituel auteur des *Trois Quartiers* et d'une foule de jolis ouvrages. Il épousa la nièce de Gérard. Une préfecture l'enleva aux lettres, auxquelles il fut rendu par une révolution. Les destinées de notre époque ont été presque aussi mobiles que les idées de ce temps d'expériences; car, en politique comme en poésie, en art comme en littérature, on essayait de tout.

Que de noms connus et dignes de l'être passèrent dans les salons et les rendirent intéressants! C'était cet aimable de la Ville de Miremont, dont l'esprit juste, fin et vrai, peignait les mœurs de son temps avec une franchise qu'on lui fit payer cher. Ses comédies furent peu nombreuses. Il mourut trop tôt.

On voyait encore chez Gérard M. Delécluze, ce juge éclairé des arts, écrivain consciencieux et de bon goût, à qui Gérard reprochait de manquer d'enthousiasme dans la louange, mais qu'il estimait, parce que sa sévérité tenait à son amour des arts, et que tous deux se retrouvaient sur ce noble terrain.

Puis, quelques nouvelles réputations venaient remplir les vides que l'absence momentanée ou éternelle faisait chaque jour dans les rangs des amis de Gérard. Ce fut cette brillante et gracieuse renommée du comte Alfred de Vigny; l'érudition aimable de M. Patin, ce savant si spirituel, cet homme du monde si instruit et dont la conversation apporte tant de charme dans un salon.

J'y présentai aussi M. Martinez de la Rosa, cet homme d'État qui est un homme de lettres distingué, dont le caractère modéré fut souvent en butte aux exagérations des partis qui divisèrent l'Espagne, et dont la douceur naturelle trouva dans la vertu la force de leur résister.

Les révolutions amenèrent encore chez Gérard une foule d'illustres réfugiés. Il y eut d'abord la belle princesse Belgiojoso, aussi remarquable par son esprit que par une beauté dont le caractère avait quelque chose de particulier qui frappait étrangement, et dont la vie est aussi remplie d'excentricités que sa figure présente de traits bizarres. — Sa vive imagination, excitée par les scènes tumultueuses de notre époque, ne pouvait se restreindre aux paisibles émotions et aux succès féminins que l'on trouve dans les salons. Il lui fallait les émotions de la révolte et les succès du *forum*. Je dois citer encore le savant Orioli, l'aimable comte Pepoli, le bon marquis Ricci, et cet esprit élevé, généreux, dévoué au bien, au beau, au bon, le comte Mamiani della Rovère.

Outre les mercredis parisiens, j'étais invitée à aller les lundis à Auteuil, où Gérard avait une magnifique habitation, un parc royal et une maison splendide et élégante; il y passait une partie de l'été, bien qu'il revînt dans le jour à Paris, préférant peindre dans son atelier de la rue Bonaparte; de plus, toute la maison couchait à Paris le mercredi soir, car une des raisons qui firent du salon de Gérard une société admirable et exceptionnelle, c'est qu'elle se perpétua sans interruption pendant plus de trente années. On faisait le tour du monde, on restait dix ans absent, puis au retour c'était le même salon, où se retrouvaient de même les sommités de l'intelligence, et de même encore vous étiez accueillis comme si l'on vous eût vu la veille et que l'amitié n'eût pas eu de lacune.

Les réunions du lundi soir empruntaient un charme nouveau au beau lieu où l'on se réunissait. J'y dînai plusieurs fois avec l'élite de la société de Gérard, et ce furent des journées délicieuses. Rossini y chanta un soir des morceaux de son *Barbier*, avec une verve et un entrain qui électrisèrent tout le monde.

La vie de Gérard, comme celle de la plupart des gens d'étude, n'offre point de faits particuliers et d'événements importants. C'est une vie d'intelligence, dont les belles idées sont les épisodes; chaque tableau d'un grand peintre, chaque livre d'un grand écrivain, est l'intérêt de son existence et ce qui attache sur lui la curiosité publique. Cependant, si Gérard avait eu le loisir d'écrire ses mémoires, ce dont il parlait quelquefois, ils auraient été fort piquants par ses aperçus ingénieux et ses conversations, s'il avait voulu les y consigner, avec les personnages les plus illustres de l'Europe, notamment avec l'empereur Alexandre, madame de Staël, le duc de Wellington, le prince de Talleyrand, etc., etc.

Pour le public qui ne voit que l'extérieur de la vie, Gérard mourut presque subitement le 12 janvier 1837, à un âge peu avancé, il avait à peine soixante-sept ans; mais, pour les quelques vrais amis qui restent à cet âge, Gérard a mis plusieurs années à finir. Ainsi, pour moi qui m'étais attachée du fond du cœur à cette nature élevée et délicate, ses dernières années n'étaient plus qu'un sombre et triste crépuscule terminant dans les ténèbres un jour qui fut plein de chaleur et de lumière. Un grand nombre des amis de sa jeunesse avaient disparu; son salon avait perdu en 1830 ses hôtes les plus distingués; sa gloire avait été attaquée, remise en question et même niée par le faux romantisme, qui triomphait alors. On affectait d'oublier ses derniers chefs-d'œuvre et ses derniers succès : la *Peste de Marseille* (1832), le *Sacre de Charles X* (1829) et *Louis XIV déclarant son petit-fils roi d'Espagne* (1828). Gérard en souffrait; on a beau avoir la conscience de son talent ou de sa vertu, si chaque matin on voit imprimer qu'on est stupide et méchant, on finit par douter de soi, surtout avec cette âme pleine de susceptibilités qui est celle des grands esprits, car ils n'ont si bien tout reproduit que parce qu'ils ont senti vivement toutes les choses de la vie.

Gérard, grâce à cette espèce de débordement de l'envie qui eut lieu vers cette époque, acheva péniblement sa belle et noble carrière; il se joignit à ses peines morales des souffrances physiques, et, ce qu'il y a de plus cruel, des souffrances qui lui enlevaient la possibilité du travail : la goutte faisait trembler sa main, et ses yeux ne voyaient plus distinctement les objets. Sa pensée seule restait intacte, mais c'était une lumière qui n'éclairait plus que des ruines, et qui lui faisait mieux sentir tout le malheur de survivre à ses facultés.

Cependant le ciel lui envoya pour le consoler de l'inévitable fin de cette vie la révélation de la vie qui ne finit pas. Gérard avait vécu insouciant de la religion, mais non pas incrédule; un jeune poëte italien, le fameux improvisateur Céconi, lui communiqua, dans les derniers jours de sa vie. cette ardente foi d'un Romain convaincu et fervent, et Gérard lui dut de mourir consolé, en croyant à une vie nouvelle et meilleure.

J'ai su depuis par M. Céconi tous les tristes détails de ces derniers moments où l'âme se révèle en entier. N'ayant plus rien à faire avec les intérêts de la terre, elle y échappe pour reprendre sa nature véritable; elle ne cherche plus à tromper personne; les idées réelles se montrent, les passions dominantes se font jour, et ce qui fut la vraie condition, le vif intérêt de la vie qui va s'éteindre, apparaît comme la trame de l'étoffe usée qui se déchire.

Eh bien, dans cette dernière lutte de quelques heures entre la vie et la mort, qu'on appelle l'agonie et qui reflète d'ordinaire ce que l'existence eut de plus intime et de plus personnel, Gérard n'eut que de poétiques et nobles révélations à faire aux cœurs et aux esprits attentifs et inquiets qui entouraient son lit de douleur... Ses idées distinctes, mais sans suite, ou plutôt ses paroles sans liaison entre elles, furent toutes d'un ordre élevé, tendre et exalté. C'étaient les premières émotions d'une ardente jeunesse qui se reflétaient dans sa pensée, un innocent attachement dont parfois ses intimes l'avaient entendu parler à mots couverts et en riant de sa timidité juvénile, et qui se retraçait à sa mémoire sous les grands arbres d'un bois où il n'avait osé parler! C'était son premier succès au *Salon de l'exposition*, quand son triomphe était encore mêlé de surprise... Puis il parlait aussi d'un ciel peuplé d'anges gracieux, qui lui apparaissait tout rempli d'une céleste harmonie. Rien d'amer, de sombre ou de douloureux au moral, n'attrista sa fin d'homme de bien... et son imagination, qui n'avait eu, comme peintre, que de belles inspirations, ne refléta dans sa dernière heure qu'un ciel plein de poésie, de merveilles et de splendeurs[1]!

[1] Le neveu de Gérard, l'héritier de sa fortune et de son nom.

vient d'élever un monument à sa mémoire, par la publication de son œuvre en trois volumes in-folio. Le premier contient les portraits en pied ; le second, ses tableaux historiques ; le troisième, des dessins, des compositions de genre et *des portraits*.

LE SALON

DE

LA DUCHESSE D'ABRANTÈS

La soirée du 12 octobre 1836. — Un mot caractéristique. — Grandeur et misère. — Le théâtre Castellane. — Lettre trouvée dans une voiture. — Junot. — Balzac. — Napoléon. — Un Américain. — Le marquis d'Aligre. — L'art de ne pas prêter son argent. — M. Bouilly. — Un quiproquo. — Le marquis de Louvois. — Mesdames de Maloret et de Polastron. — Un amour fidèle. — Mademoiselle Plessy. — Deux lords. — Les pantoufles au bal. — Un petit flacon brisé. — Le 7 juin 1838.

Le soir de la première représentation au Théâtre-Français de ma comédie de *Marie ou trois Époques*, j'étais seule chez moi, attendant qu'on vînt me donner des nouvelles de ce qui s'était passé, lorsque j'entendis avec joie des voitures s'arrêter à la porte de ma demeure, rue de Joubert, et une foule de personnes accourir; je devinai le succès avant de le savoir ; on n'a tant d'amis que quand on est heureux! Au nombre de ces amis empressés était madame la duchesse d'Abrantès, plus empressée qu'aucune autre, car elle était très-affectueuse, très-bonne et très-sympathique aux joies de ceux qu'elle aimait.

C'était le 12 octobre 1836. La duchesse d'Abrantès amenait avec elle une fort belle personne qu'elle me présenta en lui donnant le titre de princesse *Lucien Bonaparte*. Je n'avais pas vu l'Empire, mon enfance s'était passée en province; mais le prestige de ce temps merveilleux, de ces grands hommes de guerre et de cette puissance fabuleuse n'en était que plus frappant pour moi. Ce dont on entend parler sans le voir grandit beaucoup dans l'imagination. Quoique j'eusse été élevée dans l'opinion légitimiste, le nom de Bonaparte m'apparaissait toujours entouré d'une auréole de gloire. Ainsi mêlé à ma grande joie, il me fit un immense effet, et l'impression de ce moment m'est encore présente.

Je me trouvai donc ce soir-là entourée de toute ma société et de quelques personnes qui avaient désiré me voir. Il était près de minuit lorsqu'on arriva. Je fis préparer une collation, et la veillée se prolongea fort avant dans la nuit. La conversation devint intime, joyeuse et familière; tout à coup la duchesse d'Abrantès s'écria :

— Qu'on est donc bien ainsi la nuit pour causer! On ne craint ni les ennuyeux ni les CRÉANCIERS.

Le dernier mot me surprit étrangement et produisit un grand effet.

Hélas! c'était le secret de sa vie qu'elle révélait ainsi dans ce moment d'abandon! de cette vie qui tenait encore aux splendeurs féeriques de l'empire, et que les petites misères douloureuses de la gêne attristaient et tourmentaient secrètement.

Là étaient les deux points extrêmes d'une existence qui ne me fut que trop connue plus tard et qui excita au plus haut point mon étonnement. Grandeur! Misère! c'était le fond de chaque jour des dernières années de la duchesse d'Abrantès; le reste se plaçait tant bien que mal au milieu de cela, et se trouvait plus ou moins imprégné de l'une et de l'autre!

Lorsque je fis connaissance avec madame d'Abrantès, elle habitait dans le haut de la rue Rochechouart un appartement au rez-de-chaussée, ouvrant sur un jardin. L'été, la société se répandait sur la pelouse : c'était charmant. Les réunions nombreuses étaient fort amusantes, les opinions politiques s'y trouvaient toutes ensemble, comme toutes les classes de la société, et souvent les représentants de toutes les nuances semblaient avoir été choisis parmi les plus excentriques de chaque couleur.

Les réunions d'une maison participent beaucoup des idées du maître ou de la maîtresse du lieu ; on attire involontairement à soi ce qui est sympathique, et la duchesse d'Abrantès aimait les grandeurs et les arts, les gens de lettres et les hommes de guerre, les écrivains sérieux et les jeunes beaux qui dansaient bien ; mais ce qui obtenait promptement toute son affection, c'était le talent, la réputation, la gloire ; l'esprit, l'intelligence sous toutes ses formes, avait le premier rang chez elle, c'était là le principal ; les choses frivoles représentées par les personnes vulgaires n'étaient reçues que pour l'entr'acte ou comme un public pour les grands acteurs.

Le fils aîné de la duchesse, celui qui portait

alors le titre de duc d'Abrantès, était un homme de taille moyenne, ayant une jolie figure, avec des traits délicats et d'une extrême mobilité; il ne manquait pas d'esprit, mais il y avait un peu de désordre dans ses paroles comme dans ses actions, et sa vie était livrée, dès cette époque, aux excès qui l'ont malheureusement abrégée quelques années après. Il avait une certaine originalité et une gaieté imperturbable. Au milieu de grands embarras d'argent, c'était lui qui, montrant un jour une feuille de papier timbré, destinée à faire une lettre de change, disait en plaisantant sur l'usage et l'abus qu'il en avait fait :

— Vous voyez ce papier blanc. Cela vaut vingt-cinq centimes; quand j'aurai mis ma signature au bas, cela ne vaudra plus rien.

Il ne se faisait pas d'illusion sur son crédit !

Son frère sortait alors de l'école militaire; c'était une nature douce, calme et aimable, la duchesse l'appelait la *raison* de la famille.

Deux filles aussi ornaient le salon de leur mère. Elles étaient trop jeunes pour avoir vu les splendeurs des beaux jours de leurs parents, mais elles adoucirent les mauvais pour la duchesse d'Abrantès; car le ciel leur avait donné en courage et en talent ce qui leur manquait en fortune et en prospérité.

Un des habitués les plus intimes des salons de la duchesse d'Abrantès était le comte Jules de Castellane que tout le monde connaît plus ou moins, mais que peu de personnes connaissent complétement. Nous ne parlerons pourtant ici que de son théâtre de société qui florissait déjà vers cette époque; il fut un moment dirigé par les soins de madame la duchesse d'Abrantès; elle fut remplacée plus tard par madame Gay, laquelle fut détrônée à son tour. M. de Castellane n'était pas encore marié, et son hôtel était une espèce de république. On s'y disputait le pouvoir. C'était à qui gouvernerait; on ne savait auquel entendre, et les mains qui saisissaient les rênes de cet État agité les gardaient si peu de temps, que ce n'était vraiment pas la peine de s'en mêler.

J'avais, à la demande de M. le comte de Castellane, composé pour son théâtre une comédie en un acte, intitulée : le *Château de ma nièce*. Mais, pendant que je la faisais, j'eus l'occasion de me convaincre qu'on m'envierait la place que j'y occuperais, et, la porte du Théâtre-Français m'étant ouverte, j'y donnai cette petite pièce qui fut jouée par mademoiselle Mars avec grand succès.

Cela ne me brouilla pas avec l'illustre troupe d'amateurs. Au contraire, on m'invita sans cesse aux répétitions. Un jour je m'y rendis; il s'agissait d'une pièce de la duchesse d'Abrantès, une pièce en un acte dont la répétition dura cinq heures, tant elle fut mêlée de mille choses inattendues : de récits, d'anecdotes et de joyeuses plaisanteries entièrement étrangères à la comédie. La duchesse d'Abrantès surtout était en joie, et nous nous amusâmes follement. On finit par danser sur le petit théâtre. Mais tout à coup la duchesse s'écria que depuis cinq heures qu'on parlait on n'avait ni bu ni mangé. Alors le maître de la maison, qui était comme les autres tellement absorbé par les plaisirs de la matinée, qu'il avait oublié le nécessaire de la vie pour son superflu, fit courir au plus vite chez les pâtissiers voisins, et, s'il faut tout dire, les comédiens amateurs firent autant d'honneur aux gâteaux du comte de Castellane que la troupe de Ragotin au souper de M. de la Bonardière.

Je partis pendant qu'on goûtait, et je pris pour revenir chez moi une voiture de place qui stationnait devant la porte et qui s'offrit à me conduire; sur la banquette de devant était un papier déployé et un peu chiffonné ; j'avoue que les morceaux de papier qui n'appartiennent à personne et qui me tombent ainsi sous la main excitent ma curiosité, et ils m'ont quelquefois fourni le sujet de piquantes observations. Mais que celles-ci furent tristes, et qu'elles me navrèrent ! Je lus d'abord machinalement : c'étaient des reproches durs et cruels, presque des injures adressées par un créancier à un débiteur insolvable ou de mauvais vouloir ; et je ne puis exprimer ce que j'éprouvais de douloureux en reconnaissant que tout cela s'adressait à la duchesse d'Abrantès, à cette femme déjà âgée que je venais de laisser badinant comme une enfant. Mon étonnement était extrême. Ces habitudes-là m'étaient complétement inconnues. J'avais bien vu des gens pauvres ne pouvant s'acquitter, mais le malheur les retenait tristement à leur foyer, des larmes obscurcissaient leurs yeux, et le sourire ne venait plus sur leurs lèvres pâlies. Pour la première fois, cette vie de joie et de douleur, de luxe et de misère, m'était révélée et me frappait de surprise. Depuis cette époque, j'ai été à même, comme tout le public, de me familiariser avec les grandes existences excentriques, vivant au milieu des fêtes et des créanciers, du luxe et des dettes; mais alors on en était encore à la littérature classique, et tout le monde y vivait raisonnablement. Je fus atterrée!

Il était évident que cette voiture avait servi à la duchesse d'Abrantès pour venir de chez elle à l'hôtel Castellane, qu'elle y avait oublié cette lettre, et que pendant cinq heures les différentes personnes qui avaient passé dans cette voiture s'étaient successivement occupées des affaires dont elle avait l'air, elle, de ne se préoccuper nullement.

Hélas! la pauvre femme! elle est morte à la peine. Tous les chagrins qu'elle essayait de cacher, et dont elle cherchait à se distraire, ont abrégé ses jours et rendu cruels les derniers instants de sa vie! Je ne voulus pas que d'autres pussent s'égayer sur ces tristes détails, je pris ce papier; mais, n'osant le lui remettre, puisque j'étais de ceux qu'elle voulait tromper, je mis cette lettre sous enveloppe et je la lui renvoyai par la poste.

Cette découverte m'attrista plusieurs jours et me fit observer plus attentivement l'intérieur de la maison de la duchesse. Ce fut à partir de ce moment que je connus tout ce que les plaisirs, ou plutôt le mouvement, y cachaient de misères douloureuses. Mais, je dois le dire, au milieu de ce désordre qui s'accrut sous mes yeux, dans les dernières années de sa vie, et qui parfois amena chez elle et jusque dans son salon des personnages étranges, et qu'on s'étonnait d'y voir, je n'ai rien observé qui fût de nature à nuire à personne; elle ne nuisait qu'à elle-même, qu'à son bien-être, à sa considération et surtout à son repos, sans que cela parvînt jamais à corriger sa frivolité. Ainsi, lorsqu'après avoir souffert de tous les ennuis attachés à une grande gêne et aux persécutions de créanciers exigeants, il lui arrivait de pouvoir disposer d'une somme un peu considérable, elle remplissait sa maison de fleurs, de porcelaines, de cristaux inutiles, sans s'occuper le moins du monde des choses urgentes qui auraient dû être sa seule affaire. Cela venait sans doute des prospérités inouïes qui avaient par moment brillé sur sa destinée, dont l'origine elle-même avait quelque chose de merveilleux.

La famille de la duchesse d'Abrantès avait régné sur Constantinople, et sa mère portait le nom de *Comnène!*

Junot, son mari, né dans un rang obscur, s'était élevé tout à coup à ces hauteurs fabuleuses qui font croire à l'intervention des fées! Ces guerres pleines de merveilles! il s'y était montré au premier rang; cette puissance formidable! il en avait eu sa part, car il avait été plus que roi en Portugal, maître sans conteste et souverain sans contrôle; les lieutenants de Napoléon s'étaient vus un moment pour l'Europe des espèces de demi-dieux, ressemblant, il est vrai, à ceux de l'Olympe, qui tenaient un peu de la nature humaine et ne se refusaient ni ses plaisirs ni ses faiblesses.

Eh bien, de ces deux grandeurs, celle de la race et celle de la puissance, la duchesse d'Abrantès n'avait gardé ni morgue, ni vanité, ni dédain : c'était une bonne nature qui appréciait avant tout l'élévation de l'esprit; la prospérité ne l'avait pas gâtée, l'infortune ne l'abattit point. Mais c'était une femme dans l'acception frivole du mot. Son humeur et ses goûts variaient à l'infini ; l'impression du moment la prenait tout entière, et elle passait du chagrin à la joie avec la vivacité et la naïveté d'un enfant ; je n'ai jamais vu une maison où il y eût en même temps plus de gaieté et plus de tristesse. Un soir, on riait de bon cœur, et la duchesse était joyeuse entre tous ; quand la conversation languissait, elle avait quelque bonne histoire bien drôle sur des femmes de la cour impériale, et jamais une verve plus intarissable n'avait fait jaillir de ses paroles de plus folles plaisanteries ; on en oubliait l'heure du thé, qui se prenait d'ordinaire chez elle à onze heures. Ce soir-là, minuit avait sonné depuis longtemps, lorsqu'on s'assit autour de la table. Et pourquoi ce long retard ? C'est que, le matin même, le besoin d'argent s'était fait sentir d'une façon tellement impérieuse, que l'argenterie tout entière avait été mise en gage, et, au moment de prendre le thé, on s'était aperçu que, des petites cuillers étant de première nécessité, il fallait en aller emprunter à une amie.

Les scènes de ce genre se renouvelaient souvent, mais les réunions nombreuses continuaient toujours.

Parmi les hommes qui fréquentaient habituellement la maison était alors Balzac ; je le connaissais dès longtemps ; il allait dans les mêmes maisons que moi et venait à mes soirées : il y avait ainsi un certain nombre de personnes s'occupant de littérature et d'art, qui se retrouvaient chaque soir dans des maisons où, comme chez Gérard et chez moi, on recevait toute l'année. C'était extrêmement agréable, on avait mille choses à se dire; car plus on se voit souvent, plus il y a de sujets de conversation; ils naissent les uns des autres, et l'esprit et le cœur y gagnent également.

Je retrouvai Balzac avec joie chez la duchesse d'Abrantès, mais je l'y trouvai tout différent de ce que je l'avais vu jusque-là; les merveilles de l'Empire l'exaltaient alors au point de donner à ses relations avec la duchesse une vivacité qui ressemblait à la passion. Le premier soir, il me dit :

— Cette femme a vu Napoléon enfant, elle l'a vu jeune homme, encore inconnu, elle l'a vu occupé des choses ordinaires de la vie, puis elle l'a vu grandir, s'élever et couvrir le monde de son nom! Elle est pour moi comme un bienheureux qui viendrait s'asseoir à mes côtés, après avoir vécu au ciel tout près de Dieu!

Cet amour de Balzac pour Napoléon a subi plus d'une variation; la mobilité naturelle au cœur humain s'augmente à proportion de la vivacité et du nombre des idées et des sensations, et Balzac avait une imagination toujours en mouvement; joignez à cela la faculté de voir les objets sous toutes leurs faces, et vous comprendrez que ses sentiments variaient parfois du jour au lendemain et du tout au tout; mais c'était le moment où il avait dressé chez lui, rue de Cassini, un petit autel surmonté d'une statue de Napoléon, avec cette inscription :

Ce qu'il avait commencé par l'épée, je l'achèverai par la plume.

Si Balzac avait de singulières bouffées d'orgueil, il avait aussi de trop profondes humilités; car il était rarement dans ce juste milieu qu'on décore du nom de vertu et qui est au moins le partage de la raison : parfois il doutait complétement de son talent, parfois il en exagérait l'importance;

mais c'était sans mauvais vouloir, et, loin que cela lui servît à grandir sa fortune et sa renommée, il n'en recueillait que les plaisanteries de ses amis qui ne se gênaient guère avec lui pour rire de ses exagérations.

Balzac n'était point charlatan; il a laissé sa réputation se faire elle-même par ses œuvres, c'est une justice à lui rendre; aussi cette réputation a-t-elle toujours été en s'accroissant et ses lecteurs en se multipliant. Cela devait être, car dans ses récits attrayants il a touché juste à des malheurs, à des torts et à des secrets du cœur humain qui n'avaient pas encore été sondés avec une aussi profonde sagacité. C'est un des grands écrivains de notre époque, bien qu'il ait manqué de cette supériorité de vues qui fait la vraie grandeur d'une intelligence et l'impose aux siècles qui le suivent, c'est-à-dire une idée morale, religieuse, philosophique ou patriotique sur laquelle leur esprit s'appuie avec sécurité, que leur œuvre résume clairement et qui rallie à eux celle qu'elle entraîne... *une foi* enfin. Ce qui fait la supériorité de Chateaubriand sur les douteurs de tous genres de notre époque, c'est qu'il avait gardé les saintes croyances des vieux chevaliers d'autrefois qui restaient, malgré tout, fidèles à Dieu, au roi et à leur dame. Les fortes convictions de Chateaubriand ont élevé sa pensée, ses dévouements ont grandi ses ouvrages, et son âme toujours passionnée pour le bien a fait la plus grande gloire de son nom.

Balzac n'avait rien non plus dans sa personne de l'élégance et du charme que les habitudes d'une éducation distinguée donnaient à Chateaubriand; ces manières atténuent peut-être trop les hommes ordinaires et en font d'uniformes ennuyeux, mais elles prêtent une grâce infinie aux hommes supérieurs et leur donnent d'irrésistibles séductions.

Le physique de Balzac était, il est vrai, peu séduisant; mais avec une intelligence et des yeux comme les siens, il eût pu révéler davantage sa supériorité.

Sa toilette, négligée parfois jusqu'au manque de propreté, avait des jours de recherche bizarre. Sa canne, devenue célèbre, fut inventée par lui aux jours où la prospérité lui apparut tout à coup et marqua l'ère de ses excentriques magnificences; une voiture singulière, un groom qu'il nomma

Anchise, des déjeuners fabuleux et trente et un gilets achetés en un mois, avec le projet d'amener ce nombre à trois cent soixante-cinq, ne furent qu'une partie de ces choses bizarres qui étonnèrent un moment ses amis, et qu'il appelait, en riant, *une réclame*.

Comme la plupart des écrivains de notre époque, Balzac ignorait complétement l'art de causer. Sa conversation n'était guère qu'un monologue amusant, vif et parfois bruyant, mais uniquement rempli de lui-même et de ce qui lui était personnel. Le bien, comme le mal, y prenait une telle exagération, qu'ils y perdaient toute apparence de vérité; dans les dernières années, ses embarras d'argent toujours croissants et ses espérances d'en gagner augmentant dans la même proportion, ses millions futurs et ses dettes présentes étaient le sujet de tous ses discours, et il me causa un jour à ce sujet une vive contrariété.

Un Américain du plus grand mérite, né à la Louisiane, et représentant la Nouvelle-Orléans au sénat de Washington, était venu à Paris avec l'intention d'y voir les hommes remarquables de la France, dont les noms et les ouvrages étaient arrivés jusqu'à lui. Il m'avait été présenté, et je lui proposai un jour de venir avec moi à un concert de *M. Listz*, où j'étais sûre qu'il trouverait une partie de ce qu'il désirait; en effet, la première figure que nous rencontrâmes en entrant dans la salle fut un homme au sombre visage, dont on parlait beaucoup alors et sur qui je voulus faire l'épreuve de la perspicacité du sénateur américain, en lui laissant deviner le genre de sa célébrité. Il le regarda attentivement et me dit :

— Cet homme me fait penser, malgré moi, à un grand *inquisiteur* du temps de Philippe II.

— C'est M. l'abbé de la Mennais, lui répondis-je... mais détournez vos regards de cette figure qui peint plutôt, je crois, la souffrance qu'il éprouve lui-même que le désir de voir souffrir les autres, et regardez le gros visage joyeux du plus délicat de nos romanciers, M. de Balzac.

Je n'eus pas plus tôt dit cela, que mon Américain ne me laissa pas un moment de repos que je ne me fusse avancée de manière à être aperçue par l'illustre écrivain, afin qu'il vînt me parler. Nous approchâmes, et en effet Balzac vint promptement à moi; c'était entre les deux parties du concert, et nous marchions de façon que nous nous trouvâmes assez à l'écart pour causer. Mais que je me repentis d'avoir voulu donner cette satisfaction à l'enthousiasme de mon Américain pour Balzac! Probablement, le célèbre et impressionnable écrivain avait eu, ce matin-là, quelques tristes affaires d'argent, et son esprit était encore tout imprégné des douloureuses émotions qui l'avaient blessé, car il arriva tout d'abord à ce qui l'occupait, et aux éloges de M. G. il répondit par ces mots :

Un petit grain de mil
Ferait bien mieux mon affaire...

que toutes les louanges qu'on prodigue à mes ouvrages.

Puis il ajouta mille choses pénibles sur la misère où vivaient en France la plupart des grands écrivains. Je sentis à l'instant tout le mauvais effet de ses paroles sur ce citoyen d'une république où l'on n'admet aucune autre distinction sociale que la richesse, et où le degré de l'intelligence est coté sur la quantité d'argent qu'elle rapporte; mais j'eus beau essayer de tourner en plaisanterie ce que disait Balzac, il reprenait sérieusement, et, s'excitant par ses propres paroles, il arriva à des détails tels, qu'il prétendit avoir été obligé de mettre sa montre en gage pour avoir de quoi dîner.

Il exagérait certainement sa détresse, car, s'il n'avait pas tout l'argent nécessaire pour acquitter d'anciennes dettes contractées dans une affaire d'imprimerie, il est bien vrai qu'à l'époque où il parlait ainsi Balzac n'avait qu'à écrire quelques pages dans un journal ou dans une revue pour trouver plus que sa montre engagée ne pouvait lui rapporter. Mais il était sous une fâcheuse impression, et de plus il s'exaltait à l'effet produit par ses paroles et qui était tel, que le visage de l'Américain en était positivement décomposé et rouge, comme si la honte lui eût monté au front. Était-ce pour le pays qui laissait le talent misérable? était-ce pour l'écrivain qui osait si ouvertement afficher sa misère?

Ce qu'il y a de certain, c'est que j'en fus moi-même toute déconcertée et que ma surprise s'augmenta lorsque, le soir de ce même jour, j'arrivai chez la duchesse d'Abrantès au moment où Balzac énumérait les sommes prodigieuses dont il devait, disait-il, être un jour en possession par ses ouvrages; son imagination multipliait ses bénéfices comme elle avait exagéré sa pauvreté; il n'était plus question que de millions dus à son travail; il allait être un des gros capitalistes de Paris. Évidemment il y avait réaction contre les lamentations de la matinée... Mais mon citoyen des États-Unis d'Amérique, mon républicain qui estimait tant l'or, il n'était plus là, et je déplorai le malheur qu'il avait eu de ne connaître que le triste revers de la médaille.

Un soir, au milieu d'une contre-danse, car parfois quelqu'un se mettait au piano et tout à coup la musique interrompait la conversation, et la phrase commencée se terminait en galop, la société résumant ainsi toutes les sympathies de la maîtresse de la maison; un soir donc où la danse avait à propos interrompu une conversation politique, M. d'Aligre entra tout égayé sans doute par les sons joyeux de la musique, il montra un visage plus riant qu'à l'ordinaire, et, la duchesse lui reprochant de venir tard, ce fut avec le plus aimable sourire qu'il répondit :

— C'est que je viens de rendre un arrêt de mort!

Dire l'impression que ces mots prononcés gaiement produisirent sur moi est impossible ! Condamner à mort ! éteindre cette lumière du ciel que nul ne peut rallumer ! jeter dans cette éternité incertaine cette âme qui pourrait se repentir et réparer ! Cela m'a toujours paru un si cruel devoir pour ceux que leur position y oblige, que je n'ai jamais pu allier avec cette idée celle de l'insouciance et de la joie.

Le marquis d'Aligre sortait en effet de la Chambre des pairs où l'on venait de condamner Fieschi.

Certes, Fieschi inspirait peu d'intérêt, et j'avais, pour me rendre particulièrement odieux son attentat, à déplorer la mort d'un de nos amis, le comte de Villate, aide de camp du ministre de la guerre, qui fut tué par une des balles de la terrible machine ; et cependant cette condamnation ne me semblait pas devoir être annoncée gaiement.

Le marquis d'Aligre entre Balzac et la duchesse d'Abrantès me semblait un contraste frappant qui éveillait en moi une foule de réflexions : il était un des hommes les plus riches de France ; la moitié de son revenu d'une année eût mis la duchesse hors de toute inquiétude et assuré à jamais une fortune à Balzac. M. d'Aligre entassait chaque jour des sommes inutiles, et sa main serrait avec affection des mains qui se fatiguaient à un travail incessant, sans pouvoir, grâce à leur imprévoyance, il est vrai, se procurer ce qui était nécessaire pour tranquilliser leur esprit, cet esprit qui devait, malgré cela, créer des récits attrayants pour amuser l'esprit des autres. Voilà la société parisienne!

On sait quelle singulière réputation de parcimonie s'attachait à ce beau nom de la magistrature. Son père avait été premier président au parlement de Paris, et comptait déjà parmi les hommes les plus riches et les plus économes de France. On raconte qu'ayant constamment agi avec cette même prudence conservatrice il se trouvait, lors de l'émigration, être presque le seul qui eût de grosses sommes au milieu de compatriotes mourants de faim; mais il n'en gardait que plus soigneusement un trésor dont le dénûment des autres lui faisait mieux sentir le prix. Un de ses amis, le comte de L., réduit hors de son pays à la plus dure extrémité, se décida un jour à venir lui demander avec instance une petite somme nécessaire à son existence menacée; le marquis d'Aligre tira d'un secrétaire un livre de compte dont les feuillets étaient couverts de chiffres et de signatures, et pria son ami d'y ajouter son nom avec le chiffre de la somme qu'il désirait. Ce que fit le comte de L. avec d'autant plus d'empressement, qu'il crut que c'était pour constater sa dette dans l'avenir. Mais le président d'Aligre lui dit en serrant le livre :

— Cette somme, jointe aux autres, fait tant...

Ce total était, il faut le dire, fort considérable.

— Eh bien ! ajouta-t-il, c'est ce qui m'a été demandé depuis un an; si j'avais satisfait à toutes ces demandes, il y a longtemps qu'il ne me resterait rien. J'ai donc été obligé de faire pour les autres ce que je fais pour vous... de refuser complétement.

Cependant, après deux ou trois générations de sordide économie, de refus de service et même de privations, quelque remords de cette conscience qui ne laisse guère passer les torts sans dire son mot, poussa M. d'Aligre, sans doute. *Il fonda un hôpital.*

C'était un homme de haute taille et qui avait

pu être assez bien dans sa jeunesse, mais si insouciant de toute chose qui ne lui était pas personnelle, que cette insouciance était pénible à voir, ainsi que sa gaieté; j'éprouvais une involontaire répulsion pour cet homme qui se refusait si obstinément à faire un peu de bien, et qui se montrait complétement insensible au malheur.

Ce n'est pas que la sensiblerie extérieure me fût fort agréable, et la société de la duchesse d'Abrantès en offrait un modèle qui ne me plaisait guère, car *ce bon M. Bouilly*, comme on l'appelait, me donnait autant d'envie de rire, avec ses perpétuelles émotions, que M. d'Aligre m'attristait avec sa constante insensibilité.

Bouilly a quelquefois pourtant touché juste au cœur des autres dans des drames qui ont ému la foule, notamment dans l'*Abbé de l'Épée*, les *Deux Journées* et *Fanchon la Vielleuse;* mais, si ses comédies faisaient pleurer, sa manière d'être constamment attendri était très-risible : il racontait sans cesse des événements malheureux, ou plutôt il trouvait de quoi s'affliger dans les choses les plus ordinaires de la vie. Si le marquis d'Aligre riait en parlant d'une condamnation à mort,

Bouilly pleurait en racontant un mariage : jugez d'après cela de ce qu'il pouvait faire d'un enterrement ?

Le corbillard était comme le char de triomphe de M. Bouilly; il le guettait, il était à l'affût de toute cérémonie funèbre, et, pour peu qu'il eût connu le défunt, il prononçait sur sa tombe un discours, dont les larmes étaient la plus entraînante éloquence; aussi était-il connu des fossoyeurs, qui le regardaient comme un des leurs et faisant partie de l'entreprise des pompes funèbres. Un matin, pendant un discours prononcé par un membre de l'Institut sur la tombe d'un de ses confrères, le chef des fossoyeurs dit assez haut pour être entendu de tous :

— Est-ce qu'il serait possible que nous n'eussions rien de vous aujourd'hui, monsieur Bouilly ?

Un autre jour, deux convois de personnes de sa connaissance avaient lieu à peu près à la même heure, l'un à *Montmartre* et l'autre au *Père-Lachaise*. Bouilly se trouva un peu en retard pour le second, et ne rejoignit l'enterrement qu'au cimetière; il courut aussitôt à l'endroit où il aperçut du monde, et, tout haletant, il prononça un discours des plus attendrissants : c'était un éloge, des regrets, des bénédictions et des larmes sur le père de famille, l'homme de talent, l'homme de bien, l'ami qu'il venait de perdre. Il y eut bien un peu d'étonnement de la part de ceux qui étaient autour de lui; mais Bouilly pleurait si bien, qu'il leur fit verser des larmes, et tout se passa convenablement. Seulement, quand il eut fini et qu'il chercha ses amis pour recueillir les éloges auxquels son éloquence avait droit, il ne vit que des visages qui lui étaient complétement étrangers et qui n'exprimaient plus que la surprise; car le mort dont il avait célébré les vertus de famille était toujours resté garçon, et ses talents si vantés s'étaient bornés à la vente de denrées coloniales. L'orateur s'était trompé de convoi, et son éloquence et ses larmes avaient coulé sur la tombe étonnée d'un mort inconnu !

Bouilly, avec sa haute taille, son cou penché et son allure singulière, rôdant au milieu d'un salon et s'arrêtant à des groupes de causeurs qu'il dominait de toute la tête, avait été comparé à un dromadaire au milieu d'une caravane. Cette comparaison eût pu se faire aussi d'un homme que je voyais alors et qui portait un illustre nom. C'est le marquis de Louvois. Il venait quelquefois chez moi, et son nom me produisait un effet tout agréable; c'était comme une réminiscence du grand siècle de l'esprit. Le marquis de Louvois y tenait non-seulement par son grand-père, car il était le petit-fils du ministre, mais aussi par un goût très-vif pour la littérature; il composait des proverbes qu'on jouait chez lui à la campagne. C'était un homme très-âgé lorsque je le connus, mais tout aimable dans les bonnes traditions d'autrefois, dont la bienveillance était le fond et dont la forme était pleine de grâce. Le goût de la littérature, de petites compositions dramatiques, dont je garde plusieurs qu'il me donna, consolaient le marquis de Louvois de la vieillesse et d'un malheur cruel : il avait épousé dans sa jeunesse une princesse de Monaco, belle et charmante, mais une cruelle maladie l'en séparait et n'avait pas permis d'espérer ni même d'en désirer des enfants. Une maison de santé renfermait cette malheureuse personne, et le marquis de Louvois, qui l'avait beaucoup aimée, cherchait dans les plaisirs de l'esprit et de l'amitié à se distraire de cet irréparable malheur.

Je fis connaissance d'une de ses vieilles amies, la marquise de Malaret, excellent type des marquises d'autrefois. C'était la sœur de la marquise *de Polastron*, cette chère affection d'un prince qui devait perdre si cruellement tous les biens que sa naissance et ses qualités lui avaient destinés. Le comte d'Artois, depuis *Charles X*, avait eu pour madame de Polastron un de ces sentiments commencés dans les illusions de la vie, mais qui, par leur force et leur sincérité, s'élèvent jusqu'à la pensée du ciel; lors de la Révolution, vers 92, la marquise de Polastron suivit en Angleterre le comte d'Artois. Elle y mourut dans des idées religieuses aussi sincères que l'avait été son affection, et communiqua au prince ses convictions avant de remonter vers les cieux; elle voulait emporter la certitude de l'y retrouver !

Le prince, à cette époque, était encore jeune et beau; il promit, au lit de mort, une fidélité complète que le temps n'altérerait jamais. Il tint parole; et, sur le trône comme dans l'exil, rien ne put le distraire de l'austérité d'une vie dont toute la poésie fut une ardente aspiration vers ce ciel où l'attendait la femme qu'il avait tant aimée.

Madame de Malaret, ce type de grande dame que je pus étudier à loisir, car je la vis souvent à cette époque, était un peu frivole, assez spirituelle, familière et digne en même temps. Sa fortune avait presque entièrement disparu, mais ses manières délicates et distinguées étaient les mêmes. Le petit logement au quatrième étage où je la trouvai était rempli de la meilleure compagnie du monde, qu'elle recevait exactement comme si elle eût été dans le plus magnifique hôtel du faubourg Saint-Germain, sans être ni humiliée ni irritée par sa pauvreté. Elle n'en parlait pas, et je crois qu'elle n'y pensait guère. Elle était grande dame partout et de toute manière.

On jouait chez elle des charades et des proverbes, et parmi les acteurs se faisait remarquer une jeune fille de quatorze ou quinze ans, d'une beauté ravissante, qui jouait ses rôles avec une grâce enchanteresse et un son de voix qui allait au cœur. C'était une protégée de la marquise de Malaret, qui avait connu ses parents et s'était chargée de la petite fille. Bientôt ses dispositions extraordinaires l'entraînèrent à des études sérieuses de l'art dramatique, et elle débuta au Théâtre-Français avec un grand succès, sous le nom de mademoiselle Plessy.

J'eus le bonheur de l'avoir pour jouer le premier rôle dans une petite pièce que je donnai alors, le *Mariage raisonnable;* elle y fut charmante, bien qu'elle n'eût que seize ans et qu'elle jouât un rôle de veuve au-dessus de cet âge. Sa beauté était resplendissante et lui eût à elle seule valu d'immenses succès. On raconta alors qu'un lord anglais, jeune, beau, immensément riche, membre du parlement, et fort épris de la jeune et belle actrice, lui avait fait cette proposition :

— Voulez-vous quitter le théâtre, devenir ma femme et habiter un magnifique château dans le Northumberland? Moi, j'y resterai neuf mois de l'année avec vous, et je n'irai à Londres que pour le temps de la session. Nous passerons ainsi, en tête à tête, les belles années de la première jeunesse; puis, quand vous atteindrez trente ans, nous irons ensemble à Londres, où vous serez présentée et accueillie partout comme une des plus grandes dames de l'Angleterre.

L'actrice refusa.

Le temps a passé depuis cette époque; l'actrice

est encore au théâtre, et, si l'anecdote est vraie, il serait peut-être curieux de savoir si jamais le regret d'une situation plus calme n'est venu troubler cette vie agitée, que des rivalités, des haines, des passions de tous genres, viennent assaillir dans la carrière théâtrale.

Vers cette époque, un autre jeune lord vint à Paris pour passer l'hiver dans les salons et y faire connaissance avec la société parisienne. Un soir, le marquis de Custines, qui avait publié sur l'Angleterre un spirituel volume, me dit, chez la duchesse d'Abrantès, que le lendemain il conduirait chez la princesse Czartoriska ce jeune Anglais, le type de l'élégance et de la *fashion :* je devais aussi passer la soirée chez la princesse, car nous avions alors, comme je l'ai déjà dit, bien des salons où l'on retrouvait chaque soir les mêmes personnes. Le lendemain donc, j'étais chez la princesse, où il y avait grand monde, et des groupes nombreux debout au milieu du salon, lorsque je vis entrer le marquis de Custines avec un très-bel Anglais, qu'il présenta à la princesse Czartoriska. Puis, après quelques instants, M. de Custines s'approcha de moi en me demandant de me présenter lord W...; mais il ne le vit plus, et, retournant près de la princesse, au milieu des groupes et dans tous les salons, il ne put le retrouver; il avait disparu. Les domestiques ne l'avaient pas remarqué, et le beau lord était devenu invisible. On s'amusa beaucoup et tard, mais il se mêlait, je l'avoue, un peu de curiosité aux amusements, pour moi et surtout pour le marquis de Custines, qui ne revenait pas de la surprise que lui causait la singulière conduite de son Anglais. Dès le grand matin, le lendemain, M. de Custines courut à l'hôtel des Princes, où était descendu le beau lord; il partait, la chaise de poste était attelée, les malles faites, l'Anglais en habit de voyage.

— Mais vous veniez passer l'hiver à Paris? s'écria M. de Custines.

— Le puis-je, après cet événement affreux?

— Quel événement? demanda le marquis de Custines, de plus en plus surpris.

— Ne cherchez pas à me cacher mon malheur, répondit le jeune lord.

— Mais quel malheur?

— Hélas!

L'Anglais était pourpre et semblait n'avoir pas la force de s'exprimer; ce fut par des mots entrecoupés et presque inintelligibles qu'il apprit enfin à M. de Custines ce qui était arrivé.

La veille au soir, le jeune lord, tout habillé, n'ayant plus à mettre que ses souliers vernis, s'était assis auprès du feu avec des pantoufles de maroquin rouge. Pressé de rejoindre M. de Custines, lorsqu'on lui dit que sa voiture s'arrêtait à la porte, il oublia sa chaussure, et ne s'aperçut qu'au milieu du salon de la princesse Czartoriska des pantoufles rouges restées à ses pieds. L'effroi qu'il éprouva, la honte, l'empressement qui lui firent quitter vivement les salons, traverser les antichambres comme un fou, se jeter dans la première voiture venue, et commander le départ à son valet de chambre pour le lendemain de grand matin, furent choses inexprimables. Il tremblait encore en parlant de tout cela; il fut impossible de le calmer et de le décider à rester à Paris, où il se croyait perdu, et où rien au monde n'aurait pu le forcer à séjourner encore vingt-quatre heures.

On plaisanta beaucoup sur cet épisode dans la société de la duchesse d'Abrantès, car un des plaisirs d'un monde qui se retrouve chaque soir dans une maison ou dans une autre est une foule d'idées, d'anecdotes et de conversations en commun, où l'on continue le lendemain les propos joyeux ou intéressants de la veille. Nous avions alors une vraie société, diverse et une à la fois, et qui réunissait tous ceux qui ont eu de nos jours quelque célébrité.

Mais, malgré ma vive affection pour la duchesse d'Abrantès et le plaisir que j'avais à retrouver chez elle des personnes que j'aimais, ses réunions avaient pour moi quelque chose de pénible; un sentiment profond de la tristesse qu'elle essayait de cacher et du malheur qu'elle s'efforçait inutilement à vaincre me prenait le cœur et occupait ma pensée tout le temps où j'étais dans son salon. Elle avait quitté son appartement de la rue de Rochechouart, où l'élégance, les fleurs, les arbres, tenaient lieu de luxe et le remplaçaient, et elle était venue habiter, rue de Navarin, un petit logement moderne dans une de ces maisons neuves qui ne sont ni belles ni commodes. Elle qui avait eu un des plus beaux hôtels quand son mari était gouverneur de Paris, elle en était réduite à cet endroit chétif, mesquin, dans une rue à moitié bâtie, et dont les rares habitations étaient occupées par un monde dont le voisinage blessait la pensée; on eût voulu voir cette femme, que la vieillesse atteignait, entourée de quelque chose en harmonie avec les grandeurs que rappelait encore son nom. L'harmonie entre une personne et ce qui l'entoure produit une espèce de bien-être moral pour elle et pour ceux qui l'approchent, et, au contraire, une situation inquiète et troublée, comme l'était, par d'impatients créanciers, celle de la duchesse d'Abrantès, fait mal à entrevoir.

Sans doute la richesse n'est pas nécessaire à des relations où l'intelligence est le premier mérite, la gloire peut se passer de luxe; mais il faut, pour jouir de ses plaisirs et vivre heureux dans les hauteurs de la vie, que rien ne vous en présente à chaque minute les abaissements. Puis la duchesse avait été amenée, dans les derniers temps de sa vie, à avoir recours à ses amis, ce qui les avait trop initiés à sa détresse. Plusieurs s'éloignèrent; une teinte sombre se répandit sur ses réunions devenues peu nombreuses... Les malheurs d'argent excitent plus de répulsion que de sympathie.

La duchesse souffrait de tout cela; on le sentait même sous sa gaieté et malgré son courage; sa santé en était altérée. La dernière fois que je la vis chez elle, elle était souffrante et couchée; pourtant elle travaillait encore sur son lit, où des papiers étaient épars. Elle s'était interrompue pour me recevoir; son visage était fatigué. Je voulus écarter le pupitre et l'écritoire pour qu'elle prît quelque repos.

— Non, me dit-elle, causons un moment, cela me fera du bien, puis je me remettrai à mon travail; le libraire doit le payer en le recevant, et j'ai besoin d'argent.

J'en eus le cœur serré, bien qu'elle se mît à rire et à parler gaiement de projets joyeux, de fêtes et de comédies.

Ce fut avec tristesse que je la quittai; j'emportai même une vague inquiétude, car j'avais déjà remarqué que la maladie est toujours et que la mort est souvent la suite du chagrin. Une certaine modération de caractère et de position défend la vie contre tout ce qui l'empêche d'arriver à la vieillesse, et ceux qui parviennent à ses dernières limites ont fait certainement preuve d'une sagesse recommandable. Ils ont fait plus, ils ont fait mieux que bien d'autres, et, si cela ne parle pas toujours en faveur de leur cœur, c'est un assez bon argument en l'honneur de leur raison.

Quoi qu'il en soit, la duchesse d'Abrantès n'eut point cette habileté honorable; le désordre amena le chagrin, qui entraîna la maladie à sa suite.

Au reste, il était facile de s'expliquer ce désordre : la duchesse cédait à tous ses caprices. Jamais elle n'avait su résister à une fantaisie ni aux mouvements de sa générosité; le premier jour où je fus chez elle, comme je louais des porcelaines de Saxe fort belles qu'elle me faisait remarquer, elle voulut me les donner. Si je l'avais écoutée, j'aurais emporté tout ce que j'admirais; il fallut même, pour la satisfaire et pour faire cesser ses instances, que j'emportasse un petit flacon de cristal, que je conservai longtemps. Un jour, un domestique le cassa en faisant l'appartement, et cet accident augmenta une de mes susceptibilités en la justifiant : j'ai toujours redouté un malheur pour une personne que j'aime dès qu'il arrive quelque chose de fâcheux à ce qui me vient d'elle. Un objet fragile donné par un ami est une inquiétude continuelle, et, s'il se brise, je suis sûre que mon chagrin ne se borne pas à la perte de cet objet. Il en fut ainsi pour madame d'Abrantès. Lorsque son petit flacon fut brisé devant moi, j'en éprouvai une souffrance inexprimable, comme le pressentiment d'une catastrophe. Dans la vie parisienne, on ne peut pas voir tous les jours ceux qu'on aime le mieux, et, malgré ma profonde et sincère affection pour la duchesse, il se passait quelquefois une ou deux semaines sans que je pusse aller la chercher, à cette époque où je donnais souvent des ouvrages au théâtre et où elle ne sortait pas. Cependant j'avais été rassurée depuis notre dernière entrevue sur l'état de sa santé, car je l'avais rencontrée un soir à l'Opéra; elle y était joyeuse et parée, et nous y causâmes fort gaiement.

Je courus rue de Navarin le lendemain matin du jour où son petit flacon avait été cassé; j'arrive un peu troublée par mon triste pressentiment, et j'apprends avec effroi que depuis huit jours elle avait quitté son appartement, que tout y avait été vendu par d'impitoyables créanciers, et qu'étant très-souffrante elle s'était réfugiée dans une maison de santé hors de Paris, qu'elle y était morte loin de tous les siens, et qu'au moment même où je venais m'informer de ses nouvelles devait avoir lieu la cérémonie de son enterrement.

Il est impossible de dire combien je fus atterrée par un tel malheur.

J'appris depuis qu'il y avait encore eu dans les tristes moments qui précédèrent et qui suivirent cette fin cruelle les contrastes frappants de sa vie. A côté de suprêmes grandeurs, on y avait vu de prodigieux abaissements. Elle était morte sur un grabat, dans une mansarde; la charité royale avait dû pourvoir même au cercueil, et Chateaubriand, cette gloire de nos gloires littéraires, suivit à pied son convoi, entouré des hommes les plus illustres de notre époque !

C'était le 7 juin 1838.

LE SALON

DE

CHARLES NODIER

A L'ARSENAL

Les classiques et les romantiques. — Les pyramides d'Égypte. — Les fantômes. — Les poëtes. — Guiraud. — Soumet. — Alfred de Musset. — Le Chinois politique. — La retraite. — L'apaisement. — Ce qui reste.

Le salon de Nodier florissait à l'époque de la lutte animée des romantiques et des classiques, qui n'empêchait pas la lutte plus vive encore des libéraux et des royalistes (c'était la fin de la Restauration). Eh bien, Nodier vivait en paix au milieu de tout cela : il avait les faveurs de la monarchie et les sympathies de l'opposition; les classiques le nommaient de l'Académie, et les romantiques remplissaient sa maison. C'est qu'il se moquait en lui-même des uns et des autres, n'avait plus de convictions sur rien, et ne songeait qu'à vivre joyeusement avec le plus d'argent possible. Le besoin d'une vie douce et bonne lui était venu avec son âge mûr, car sa jeunesse ardente et passionnée avait eu des dévouements de tous genres, et peut-être l'expérience de ce qu'ils rapportent de notre temps lui avait-elle fait concentrer sur lui-même toutes ses sympathies.

Mais, à mesure qu'il avait moins aimé les autres, il les avait loués davantage, sans doute pour les dédommager en paroles de ce qu'il leur retirait en affection; puis il ne voulait pas être troublé dans ses prétentions, et alors il faut bien flatter celles de chacun. Jamais la louange n'eut des formules plus variées pour exalter des choses plus médiocres. Nulle part il n'a été proclamé plus de grands hommes dont jamais le public n'entendit parler qu'il ne s'en est élevé sur le pavois dans le salon de Charles Nodier !

Les épithètes les plus laudatives étant prodiguées à des choses faibles, mauvaises, parfois ridicules, il ne fut plus possible de s'en servir pour les gens d'un talent réel, et même quelquefois supérieur qui se réunissaient chez Nodier. Alors ils passèrent à l'état de *dieux*, et l'on inventa une espèce de langue, je ne voudrais pas dire d'*argot*, qui ne se parlait qu'entre initiés, et qui employait les mots d'une façon inusitée. La première fois que d'autres les entendaient avec ce sens nouveau, ils en éprouvaient une véritable stupéfaction.

Ainsi, quand Hugo, la tête inclinée et le regard sombre et soucieux, disait, de sa voix puissante dans sa monotonie, quelques strophes d'une belle ode sortie nouvellement de sa pensée, pouvait-on employer ces mots d'admirable! superbe! prodigieux! qu'on venait d'user devant lui en l'honneur de quelque médiocrité?

Impossible.

Alors il se faisait un silence de quelques instants; puis on se levait, on s'approchait avec une émotion visible, on lui prenait la main, et on levait les yeux au ciel!

La foule écoutait.

Un seul mot se faisait entendre à la grande surprise de ceux qui n'étaient pas initiés, et ce mot, retentissant dans tous les coins du salon, c'était :

— Cathédrale ! ! !

Puis l'orateur retournait à sa place ; un autre se levait et s'écriait :

— Ogive !

Un troisième, après avoir regardé autour de lui, hasardait :

— Pyramide d'Égypte !

Alors l'assemblée applaudissait et se tenait ensuite dans un profond recueillement; mais il ne faisait que précéder une explosion de voix qui toutes répétaient en chœur les mots sacramentels qui venaient d'être prononcés chacun séparément.

Que faisait Nodier pendant ce singulier intermède littéraire? Penché sur des cartes à une table de jeu placée à l'extrémité du salon, il semblait absorbé par cette passion violente qui ne laisse ni paix ni trêve, et dont il prétendait être possédé, l'amour du jeu. Plus tard il faisait son affaire en particulier avec le poëte, car il est à remarquer que les gens réellement habiles parlent rarement devant plusieurs personnes réunies. Leur tactique étant de mettre celui à qui ils parlent au-dessus de tous, il faut, pour ne pas choquer les autres, que l'apothéose ait lieu à *huis clos*.

Malgré le bon goût de Nodier et la finesse de son esprit, ce n'était pas la crainte de partager le ridicule qui l'empêchait de partager l'enthousiasme. Est-ce que le ridicule peut exister à présent ? Il résultait jadis d'une infraction aux lois de la société, lois tacites, mais acceptées comme règles du bon goût, de la délicatesse et de la raison; maintenant, la mode étant de se moquer de toute loi, en commençant par celle du bon sens, les ridicules seraient innombrables s'il y avait encore quelqu'un pour s'en moquer.

Nodier en riait bien encore parfois avec ceux qui avaient assez de raison pour tout apprécier. Un soir, au moment où il quittait les cartes, je lui dis en souriant :

— Aimez-vous donc réellement le jeu?

Il me regarda avec cette finesse gracieuse qui lui était habituelle, et me répondit à voix basse :

— Si j'aime le jeu? il faudrait que je fusse bien ingrat pour ne pas l'aimer; un défaut qui m'est plus utile que ne me le serait une qualité, la sincérité.

Il paraît pourtant qu'il avait eu réellement dans sa jeunesse la passion du jeu, et qu'elle lui avait causé de violentes émotions et de cruelles catastrophes; mais sa vieillesse gardait l'apparence seule de ses goûts d'autrefois. Ses passions mortes avaient passé à l'état de fantômes avec lesquels il repoussait l'ennemi, c'est-à-dire ceux qui pouvaient lui nuire ou l'importuner.

Une jeunesse sincère, confiante, et par conséquent imprudente, donne tant de prise sur un homme; il se voit tellement dupe de sa naïveté, qu'il apprend bientôt des ruses pour se défendre, et un art habile pour voiler sa pensée. Aussi ce ne fut point par la vérité que brillèrent les dernières paroles et les derniers écrits de Charles Nodier! Mais on a tant menti de nos jours, qu'un peu d'altération du vrai doit obtenir grâce facilement quand cela ne fait tort à personne. D'ailleurs, les livres où Nodier l'altère sont les fruits de ces dernières années où la mémoire du vieillard peut errer dans les souvenirs du jeune homme. Il avait commencé par conter à ses amis, au coin du feu, avec une naïveté fine et charmante, une anecdote qu'il avait apprise, un conte qu'il inventait en parlant; puis tout cela s'était identifié à lui, et il croyait avoir été réellement le personnage principal de son récit. C'est ainsi qu'il raconte certaine conversation entre lui et les chefs du parti révolutionnaire morts en 93, et qu'il est censé leur exposer des plans de réforme et des projets de constitution à une époque où son jeune âge rend la chose impossible. Je sais bien que la jeunesse de nos jours décide hardiment de tout, et qu'il n'y a plus d'enfants; mais cependant il est peu croyable, quelque bonne volonté qu'on y mette, que les fougueux chefs de la Convention se soient inspirés des idées d'un petit garçon de cinq ans.

Car il ressort des dates de sa naissance et de leurs morts qu'il ne pouvait pas avoir plus que cet âge à l'époque où il leur donnait ses conseils.

Sa mémoire ne le servait pas mieux pour les années qui suivirent, car, sous la Restauration, il croyait les avoir passées en Vendée, et y avoir brillé parmi les *chouans*. Pourtant aucun de ceux qui restaient n'avait jamais entendu parler de lui. Il se glorifiait aussi d'avoir échappé à des persécutions qui furent imaginaires comme les exploits dont il pensait être le héros, ce qui a fait dire à son spirituel successeur à l'Académie, dans son discours de réception : « Il croyait errer dans les montagnes pour fuir les poursuites des gendarmes, mais la vérité est qu'il ne faisait qu'y courir après des papillons! »

Cette brillante imagination qui ne lui permettait pas d'écrire l'histoire, car il lui était plus difficile de se souvenir que d'inventer, rendait sa conversation intime très-amusante. Si l'on pouvait le trouver seul au coin du feu, et écouter ses brillantes improvisations, mêlées de choses poétiques et spirituelles, rien n'était plus attrayant; il mettait tant de naïveté et de bonhomie dans sa manière de dire, que vous aviez besoin de réfléchir après l'avoir quitté pour vous apercevoir que, dans ces espèces de confidences échappées de son cœur, il n'y avait pas un mot de vrai. Vous aviez été sous le charme tant qu'il avait parlé, et peut-être lui-même avait-il été de bonne foi.

Il y a des gens qui doutent de tout en ce monde, excepté de ce qu'ils ont inventé.

La maison de Nodier était fort animée, et les réunions pleines de gaieté; je n'ai vu nulle part autant d'entrain. Les peintres, les poëtes, les musiciens qui faisaient le fond de la société étaient laissés à toutes leurs excentricités particulières, et remplissaient le salon de paroles vives et retentissantes. On chantait, on dansait, on jouait, on disait des vers. Tout cela était plein de vie; madame Nodier était aimable de bonté. Sa fille unique l'était avec son esprit, qui tenait de celui de son père, avec ses talents agréables et avec ses quinze ans. C'était une existence qui s'épanouissait parée de mille enchantements. Peu de jeunes filles ont eu, autant que mademoiselle Marie Nodier, cette verve joyeuse qui semble dire : Je suis heureuse de vivre!

On s'amusait donc beaucoup chez Nodier, car une réunion s'empreint naturellement des dispositions d'esprit de la femme qui la préside, et la toute charmante fille de Nodier remplissait de joie le salon de son père; elle y avait ses amies, comme elle à la fleur de l'âge. Des poëtes, des musiciens, des peintres aussi jeunes, et joyeux les faisaient danser, et tout cela était sous le charme de l'espérance; la gloire leur apparaissait rayonnante, ils la voyaient de loin! Et ce qui mettait le comble à l'insouciance, à l'enthousiasme et à l'exaltation, c'est que toute cette jeunesse, heureuse d'espérer, ne pensait pas le moins du monde à l'argent.

C'était encore le temps où l'on n'y pensait guère chez les artistes et chez les écrivains. Il y en avait qui étaient arrivés à leur âge mûr, d'autres à la vieillesse, sans y avoir jamais songé; on le leur reprochait et ils en riaient, car ils étaient heureux d'une vie modeste dont le luxe était le succès de leurs ouvrages et la joie le plaisir du travail. C'était à peine si l'on voyait poindre à l'horizon l'amour de l'or. Seulement deux ou trois auteurs dramatiques étaient soupçonnés d'une avidité qui voulait tout traduire en argent, même la gloire... et on les voyait s'éloigner de leurs confrères, et chercher à leur barrer le chemin avec une impitoyable habileté. Mais jusque-là les littérateurs avaient aimé la littérature et s'étaient aidés mutuellement. Il en était ainsi sous la Restauration, où s'épanouirent tant de poétiques talents d'un ordre élevé. Lorsque les arts et les lettres sont une noble passion qui porte vers le beau, l'artiste et l'écrivain sont généreux et pleins de sympathies pour ceux dont les efforts tendent aussi à la recherche de l'idéal; mais, quand l'art est seulement un métier, on veut le rendre le plus lucratif possible. Et pour cela on écarte à tout prix le rival qui peut faire concurrence au désir effréné de gagner de l'argent.

Alors adieu à ces réunions joyeuses où tant de talents se rencontraient. Chacun vit tristement à part, et l'on s'évite au lieu de se chercher, comme cela se fait maintenant.

Il serait impossible de nommer tous ceux qui venaient chez Nodier, mais nous ne pouvons omettre cet aimable baron Taylor, employant son esprit remarquable à être d'une bonté parfaite, et aussi cet excellent M. de Cailleux, tous deux intimes amis de la maison.

M. Émile Deschamps, dont l'esprit distingué réunit les deux points extrêmes de la conversation; car ses plus douces flatteries finissent toujours par une épigramme.

Guiraud, homme de talent, mais trop Gascon, même pour un poëte !

Soumet, poëte sincère et charmant qui échappait à la terre pour vivre au ciel avec une âme d'ange toute pleine d'admiration, d'enthousiasme et d'harmonie !

Alfred de Musset, dont la verve poétique, écho

des passions et des folies de la jeunesse, excitait les vives sympathies de tous les joyeux *vingt ans*, dissipés et libertins. Mais, pareil à l'imprudent oiseau qui consume sa vie dans une incessante harmonie, et meurt épuisé par sa verve mélodieuse, le poëte, dans son entrain de jeunesse, usa tout : son esprit, son cœur, ses forces, sa vie. Il tomba au milieu de la route, comme si les jeunes années lui eussent suffi, et que la nature ne l'eût pas fait pour vieillir !...

Nous citerons encore un homme d'esprit et de talent, M. Francis Wey, d'autant plus remarquable, que ses études philologiques contrastent avec l'enjouement de sa conversation pleine de saillies.

Il y avait aussi chez Nodier de ces rêveurs saint-simoniens et fouriéristes dont les âmes honnêtes croyaient possible une société sans crimes et sans malheurs; ils espéraient alors être témoins heureux de cette merveilleuse invention! Que d'espérances se mêlaient aux danses, aux valses, aux galops, aux polkas! et parfois, en carnaval, les déguisements les plus plaisants et les plus pittoresques amenaient la gaieté jusqu'à la folie. Alors il n'était permis à personne de venir sans être déguisé. Oh! il fallait toute la gentillesse de la jeune fille de la maison pour exciter la curiosité de graves personnages au point de les soumettre à cette décision. Cela n'était point sans quelques inconvénients ou avantages, comme il plaira de les nommer. Ainsi je vis là, dans un bal déguisé, un jeune ambitieux qui rêvait les plus hautes destinées, et dont j'entendais souvent parler comme d'un homme sérieux parmi les plus sérieux; jusque-là sa figure m'était inconnue. Ce jeune homme grave, qui avait déjà discuté dans des *parlottes*[1] plusieurs questions difficiles de la politique, espérait sans doute trouver dans cette réunion quelque personne importante utile à ses projets. Les ambitieux ne s'amusent qu'avec l'idée que cela doit leur servir à quelque chose; mais celui-là était un peu embarrassé pour avoir un costume. Un de ses amis venait, heureusement pour lui, de jouer à la campagne une petite pièce du théâtre du Palais-Royal, intitulée *Fich-t-on-Kan*, et, en ayant gardé un costume de Chinois, l'en affubla presque à son insu, tant son esprit, préoccupé des as-

[1] Petites réunions en vogue alors, où se réunissaient, pour faire des discours, quelques jeunes gens qui visaient à la députation.

semblées politiques, avait de peine à s'occuper des réunions joyeuses. Ma surprise, à l'aspect singulier que présentait toute sa personne sous ce travestissement comique, attacha pour toujours la pensée d'un Chinois avec son accoutrement ridicule au nom de ce monsieur B..., et jamais depuis je n'ai pu l'en séparer, bien qu'il ait joué un rôle important dans la politique après avoir été député influent; il est vrai qu'on l'écoutait peu quand il parlait à la Chambre, et il en était réduit à débiter à ses amis et connaissances les discours qu'il avait dû improviser à la tribune. Plusieurs fois je le surpris ainsi chez une femme de mes amies, qui me disait avec chagrin :

— Quel malheur, qu'on ne veuille pas l'écouter !

— Vous ne seriez pas obligée de l'entendre, lui fut-il répondu en riant.

Jamais, depuis le bal masqué, je n'ai vu ce monsieur en frac sans lui trouver l'air déguisé; pour moi il fut toujours un Chinois essayant de se faire passer pour un Français.

Pourtant ce Chinois aux discours ennuyeux était aussi adroit que pas un Français, car on a eu beau changer plusieurs fois de gouvernement, il en était toujours ; les autres perdaient leurs places, lui en avait une de plus, et il est arrivé ainsi à de très-hautes dignités. Au milieu des bouleversements, il reste debout pour montrer ce que peut un égoïsme attentif et persévérant. On l'a pris au sérieux, mais il me rappelle toujours Fich-t-on-Kan.

La conversation entre les artistes que je rencontrais chez Nodier m'étonna vivement et me parut très-singulière, quoique amusante. C'était un ton continuel de plaisanterie très-excentrique. Je retrouvai cette même habitude chez Pradier, à deux fêtes où je fus invitée. Jamais aucune parole sérieuse, jamais rien de profond, de sensé ou de simple ; tout était destiné à faire rire, à faire de l'effet. Plus les choses étaient inattendues, c'est-à-dire moins elles étaient naturelles, plus le succès en devenait prodigieux. Je me trouvais là comme cette étrangère qui, après avoir passé deux années à Paris, disait, à son retour en Allemagne : « Il paraît qu'en France on n'est sérieux qu'en famille, car dans les salons on s'y moque toujours de tout. »

Cependant cette folle gaieté cachait souvent

bien des tristesses; nous ne soulèverons pas le voile qui les recouvrait. Elle ne s'attrista et ne se sépara que trop vite, cette foule joyeuse! La mort de Nodier, en 1844, mit fin aux réunions de l'Arsenal. Mais déjà la joie s'était dissipée avant que la société se dispersât. Déjà le départ de la jeune fille, qui avait été en province remplir ses devoirs de jeune femme, avait attristé la maison, et, malgré les efforts de Nodier pour y retenir la jeunesse et la joie, un peu de solitude, d'abandon même, se faisait autour de lui. La fin de la vie s'assombrit toujours ainsi; qui donc a le bonheur de voir encore à ses côtés, vers la fin du voyage, tous ceux qui partirent avec lui? Combien n'en laisse-t-on pas sur la route, et des meilleurs? du moins de ceux qui vous aimèrent le mieux, qui vous aimèrent, comme on aime dans la jeunesse, sans le vouloir, sans le savoir? Plus tard, il n'en est pas ainsi! Les jeunes gens ont d'ailleurs l'activité de leur âge qui les jette dans le mouvement des affaires et des plaisirs; tandis que les vieillards ont forcément des goûts paisibles; le calme leur va bien, il se fait naturellement alors au dedans comme au dehors d'eux-mêmes une sorte d'apaisement qui tourne au profit de l'intelligence ; l'âme devient plus subtile, elle échappe davantage à l'influence de la matière, l'on dirait qu'elle se prépare à s'en séparer, et qu'elle veut retourner, purifiée, brillante et digne de l'immortalité, au centre de la lumière et de la vie.

Jamais l'esprit aimable et ingénieux de Nodier ne me parut aussi présent et aussi vif que dans ses dernières conversations. Il avait quelque chose de sympathique qui vous captivait, l'on eût passé des heures entières à l'écouter sans s'apercevoir du temps qui s'écoulait à votre insu. Il parlait alors lentement, parce que son corps s'affaiblissait, et il parlait avec cet accent franc-comtois un peu traînant qui a une puissance magnétique pour forcer l'attention. Dans notre Bourgogne, on est sujet, non-seulement à se moquer des Beaunois, dont on a fait, fort injustement, les Béotiens de notre Athènes dijonnaise, mais on exerce encore sa verve railleuse sur les Francs-Comtois, malgré la confraternité, car ce n'était qu'une province de l'ancienne Bourgogne, cette Franche-Comté dont on trouve les habitants un peu lourds et un peu gauches, fort différents des Bourguignons ; mais comme on se trompe encore cette fois, si l'on juge par l'extérieur! Un Franc-Comtois sort doucement de quelque pauvre gîte où il manque du nécessaire; il marche d'un pas lourd, mais égal, ne s'inquiétant ni de ceux qui le heurtent pour courir en avant, ni de ceux qui se plantent sur son chemin et peuvent l'arrêter. Il va toujours de son même pas et avec un air si gauche, que personne ne redoute ses efforts et par conséquent ne s'en inquiète... Cependant il arrive aux meilleures situations et il se les assure de telle manière, que nul ne peut l'en déposséder. Toutes les bonnes places et toutes les positions avantageuses, à Dijon même, se sont trouvées quelquefois occupées en même temps par ces Francs-Comtois dont on se moquait. Si l'on voulait regarder à Paris, on verrait que sans bruit, sans jactance, sans même avoir l'air de faire un mouvement pour s'avancer, ils arrivent plus vite encore que les Gascons.

Grâce à cette précieuse habileté, Nodier fut toujours plus entouré que la plupart des vieillards de notre temps. La jeunesse avait gardé pour lui des sympathies, moins, il est vrai, pour ses écrits qui n'ont pas sondé assez profondément le cœur humain, ou soulevé ces grandes questions qui ont des échos dans toutes les âmes, pour lui faire une vraie popularité, mais par son caractère doux et facile dans les relations habituelles, par ses continuelles flatteries, et surtout par quelques récits plus ou moins vrais d'une vie passée, très-aventureuse, où il laissait deviner adroitement quelque chose de mystérieux. A l'en croire, son existence de jeune homme avait été livrée aux hasards de ses caprices et aux inconséquences de ses passions. Il s'était, disait-il, tenu longtemps tout à fait en dehors des habitudes d'ordre et de contrainte qu'imposent le monde et la famille, et agissant avec une folle excentricité! Il n'en fallait pas davantage, alors, pour exciter la sympathie, car il est à remarquer qu'il y eut un moment, dans ces dernières années, où une action bizarre, une chose insensée, une sottise éclatante, qui protestait contre les usages de la société et jetait comme une espèce de défi à la vie régulière, suffisaient à la gloire d'un écrivain ou d'un artiste et élevaient son nom à la hauteur de la renommée !

Il est vrai qu'en très-peu de temps chaque chose est remise à sa place ; celle que doit occuper Nodier n'est pas mauvaise. Il a laissé un souvenir agréable dans le cœur de ceux qui l'ont connu, et des ouvrages qui sont appréciés par les esprits délicats.

LE SALON

DE

M. DE LANCY

A LA BIBLIOTHÈQUE SAINTE-GENEVIÈVE

La bibliothèque Sainte-Geneviève et M. de Lancy. — La marquise de Talaru et son pouf. — L'Américain et sa religion. — Dîners du dimanche. — Deux journalistes différents. — Le demandeur de places, et sa comédie. — Les corbeaux. — Amitiés fidèles.

C'était près du Panthéon, à la bibliothèque Sainte-Geneviève, renfermée alors dans les vieux bâtiments de l'ancien couvent des Génovéfins, qu'on se réunissait le dimanche chez cet aimable M. de Lancy. Un vieil escalier de pierre avec des rampes en fer habilement travaillées, un long corridor qui ressemblait à un cloître, transportaient votre pensée dans un monde disparu, pendant que vos pas vous conduisaient à ce salon où vous apparaissait un monde tout animé du feu vivant de l'intelligence. M. de Lancy est peu connu du public, et son nom ne se rattache à aucune œuvre qui doive le porter à la connaissance de la postérité; mais il était pourtant du nombre des êtres privilégiés qui ont de l'importance pour tout ce qui les approche, de l'influence sur tous ceux avec qui ils sont en rapports, et de l'intérêt pour tous les esprits qui savent apprécier une nature distinguée.

D'ailleurs, M. Balard de Lancy tenait aux lettres de plus d'une manière, il les cultivait, les aimait, et recevait à ses réunions du dimanche des écrivains remarquables. Il ne se passait même pas de soirée sans qu'il y fût récité quelques beaux vers anciens ou modernes.

M. de Lancy, avant d'être administrateur de la bibliothèque Sainte-Geneviève, occupa trente ans un poste important au ministère de l'intérieur. Sa carrière avait commencé dans d'autres conditions, car il faisait partie de l'aventureuse expédition de Saint-Domingue sous le Consulat. Revenu en France, présenté à madame de Staël, protégé par le prince de Talleyrand, il entra au ministère des affaires étrangères pour passer ensuite au ministère de l'intérieur, où il fut longtemps chef de la division des arts et des lettres. Tous ceux qui eurent affaire à lui dans cette importante situation se louèrent constamment de son caractère aimable et conciliant, de son esprit d'équité et de son active bienveillance; mais que sa vive sagacité recueillit d'observations piquantes dans ce poste délicat! que de fois son esprit ingénieux et charmant tint tout un auditoire attentif aux récits pleins d'intérêt, qu'il faisait avec grâce, de mille anecdotes sur toutes les personnes avec lesquelles ses fonctions l'avaient mis en contact! M. de Lancy animait tout un salon. Je l'ai vu parfois venir au milieu d'une réunion composée de gens remarquables par leur esprit, mais dont la conversation languissait faute peut-être d'un sujet intéressant pour chacun. Eh bien, du moment où M. de Lancy était arrivé, il n'y avait plus de vide, plus d'intervalle entre les paroles, plus de langueur dans les esprits, tant il savait les éveiller. Non qu'il fût de ces discoureurs qui accaparent l'omnipotence et font de la causerie un monologue; il ne faisait pas de discours, pas même de phrases, mais tout ce qu'il disait portait coup et ranimait la pensée engourdie des autres; soit qu'il s'adressât à l'homme sérieux occupé des grands intérêts du pays, soit qu'il fît parler l'homme de lettres ou l'homme de science, soit encore qu'il s'occupât de quelque jeune femme indifférente à toutes les choses graves, ou à la jeune fille qui n'y a pas encore pensé, les paroles qu'il leur adressait savaient faire naître leur intérêt, mettre en relief ce qui devait leur être favorable aux yeux des autres, et surtout ce qui pouvait les rendre satisfaits d'eux-mêmes.

Jugez, d'après cela, combien on l'était de lui! La gaieté venait donc toujours à sa suite, et pour moi, je ne m'inquiétais pas des amusements de ma société, quand je pouvais dire : « J'aurai ce soir M. de Lancy ! »

Il serait difficile d'analyser le genre d'esprit qui lui était particulier; la tournure de sa conversation, comme celle de sa personne, n'appartenait qu'à lui seul; sa figure elle-même ne ressemblait à aucune autre; il avait la tête grosse et carrée, et des traits peu réguliers, avec une finesse aimable et intelligente qui plaisait infiniment; sa toilette était un composé naturel et sans affectation des modes actuelles et des modes passées; il semblait que l'insouciance et non le calcul eût présidé à cet arrangement; ce n'était pas comme la marquise de Talaru, portant en 1815 les modes de 89, et la coiffure avec laquelle on l'avait tant admirée le jour de sa présentation à la cour de Louis XVI; elle croyait en remettant chaque matin la rose aussi fraiche, le pouf en ruban aussi nouveau, la poudre aussi légère sur ses cheveux bouclés de même, que ce qui avait produit un si charmant effet autour du visage de la jeune femme le garderait de l'atteinte du temps; qu'il n'oserait effleurer en passant ce délicieux assemblage, et croirait qu'il en était encore à son premier jour. Mais le temps, hélas! ne se laisse pas tromper aux objets matériels. Je pus en faire l'observation quand je vis la marquise de Talaru; on avait eu beau renouveler les accessoires dans leurs vieilles formes, le visage avait reçu l'empreinte de ce temps inexorable, dont l'activité, plus cruelle à notre époque qu'à toute autre, détruit la puissance plus vite encore que la beauté, et qui n'a trouvé sa faux inutile que contre quelques gloires impérissables!

Pour en revenir à notre aimable causeur, M. de Lancy, nous dirons encore qu'arrivé à une espèce de dictature de la bibliothèque de Sainte-Geneviève l'esprit de justice, chose si rare, marqua tous les actes de son administration paternelle ; la justice, cette vérité en action qui produit autour d'elle l'affection et la paix, était une conséquence du bon esprit de M. de Lancy. Une intelligence éclairée et droite, une âme paisible, l'avaient préservé des exagérations de parti et des utopies bizarres qui s'agitaient autour de lui ; il vivait au milieu des mouvements plus ou moins désordonnés de notre époque, les examinait avec intérêt, les jugeait avec impartialité et n'y prenait nulle part active, non par crainte ou par calcul, mais peut-être par insouciance; car il était un peu sceptique, mais, à la manière de Montaigne, avec finesse et bonhomie, doutant un peu parce qu'il observait beaucoup, et n'osant se prononcer sur rien parce qu'il trouvait du bien comme du mal partout. Il racontait que, faisant la traversée de Saint-Domingue en France, il avait rencontré sur le vaisseau un nombre assez considérable d'étrangers appartenant à des religions différentes et fort disposés chacun à vanter la supériorité de la sienne en toute occasion; un seul homme ne disait rien, c'était un Américain de Philadelphie. Interpellé un jour par ses compagnons de voyage sur la religion qu'il professait, l'Américain, d'un âge déjà mûr, répondit avec calme :

« J'ai voyagé dans les Indes, visité toute l'Asie et parcouru l'Europe; je m'y suis instruit des dogmes, des croyances et de la morale de tous les peuples; alors j'ai choisi dans chaque foi religieuse ce qui m'a semblé le meilleur, et je me suis arrangé avec tout cela une religion pour moi, ma femme, mes enfants et mes domestiques. »

M. de Lancy riait en racontant cette histoire; mais je crois qu'il avait fait pour la politique et pour la morale comme l'Américain pour la religion.

Fidèle à ce joli précepte, que le nombre des convives ne doit pas être inférieur au nombre des Grâces ni dépasser celui des Muses, M. de Lancy donnait tous les dimanches un petit dîner de neuf personnes; il réunissait quelques-uns des jeunes écrivains attachés à la bibliothèque Sainte-Geneviève, avec quelques amis du dehors, et tout ce qui composait sa société; sa famille et la bibliothèque passaient successivement à ce dîner, dont je faisais presque toujours partie et qui a été un des plaisirs aimables de ma vie ; ce nombre de neuf, qui n'était jamais dépassé, permettait à la conversation d'être générale, et toujours elle était spirituelle, bienveillante et pleine d'intérêt. M. de Lancy avait une indulgente bonté qui arrêtait la malveillance, la critique et l'âpreté ; on se sentait là dans une atmosphère bienfaisante où l'on respirait à l'aise et où l'on pouvait parler sans crainte ; la famille de M. de Lancy, des frères, des belles-sœurs, des neveux et des nièces, étaient les personnes les plus honorables et les meilleures. M. de Lancy leur portait une grande affection, et tous l'aimaient et l'entouraient de tendresse et de respect : il était le chef aimé d'une famille de gens d'esprit et d'honnêtes gens, et l'âme était satisfaite au milieu de tout cela ! Les dîneurs des dimanches précédents venaient le soir, et une vingtaine de personnes remplissaient le salon; alors quelques poëtes disaient des vers nouveaux, et l'on entendit ainsi les légendes charmantes, pleines d'esprit et de sentiment, de M. Charles Lafont, les fables si fines et si ingénieuses de M. Porchat, de beaux vers de M. Alfred Des Essarts; parfois aussi M. Carpentier, un des conservateurs de la bibliothèque, disait, avec un esprit et un talent des plus remarquables, quelques scènes des comédies de Molière ou quelques fables de la Fontaine. Ainsi, au temps où un écrivain célèbre avait témoigné pour la Fontaine une aversion assez étrange, à la suite d'une conversation sur cette fantaisie, on demandait à M. Carpentier une fable de la Fontaine, puis une seconde, puis une troisième, etc., etc., et ces chefs-d'œuvre, fort bien dits, faisaient, mieux que tous les raisonnements, justice du malencontreux paradoxe.

M. de Lancy, habile à renouveler l'intérêt et à mettre en évidence ce qui pouvait l'inspirer, parlait à chacun de ce qu'il savait et de ce qui pouvait en inspirer aux autres. C'est ainsi qu'il faisait raconter à M. X. Marmier quelques épisodes de ses voyages qu'il a consignés depuis dans de charmants volumes de *Souvenirs*.

M. de la Ville, cet écrivain d'un vrai talent pour la comédie, et dont les ouvrages, peut être déjà oubliés d'un grand nombre, méritent une place dans la mémoire des gens de goût, récitait quelques-uns de ces vers piquants où l'idée et la forme étaient également justes, et donnaient à l'esprit un véritable plaisir.

Puis la conversation reprenait plus vive et plus animée. Le savant et aimable M. de Brotonne, second de M. de Lancy dans l'administration de la Bibliothèque, qui l'aidait dans ce gouvernement paternel, dirigé par l'esprit de justice, et qui, après l'avoir suppléé dans les dernières années, le remplace maintenant de la manière la plus honorable et la plus intelligente, contribuait beaucoup alors à l'agrément de cette causerie charmante; et ces soirées, qu'il fallait aller chercher près du Panthéon, laissaient une impression si bonne, que nul n'y regrettait sa peine, et que les plus répandus dans le grand monde et dans ses fêtes brillantes trouvaient là quelque chose de particulier, dont la douceur ne se faisait pas sentir ailleurs.

J'y vis souvent M. Sauvo, qui eut ceci de singulier : il fut cinquante ans journaliste et ne se fit pas un ennemi.

Il rédigeait pourtant, au *Moniteur*, des articles

de critique sur les livres et sur les pièces de théâtre. Étonnée de ce phénomène, je lui en demandai un jour l'explication. Voici ce qu'il me répondit :

« Quand je critique un ouvrage, je me dis : si mon frère ou mon meilleur ami venait me lire une de ses compositions, et me demandait de lui dire, en mon âme et conscience, ce que je trouverais à reprendre à son œuvre et ce qui pourrait l'améliorer, qu'est-ce que je lui dirais ? et comment m'y prendrais-je pour lui faire comprendre ma pensée sans blesser sa vanité par mes critiques et sans attrister son esprit par le découragement ? Alors, je me mets à écrire comme je me mettrais à parler à un auteur aimé par moi, et je lui dis la vérité comme je voudrais qu'on me la dît à moi-même en pareil cas. »

Je donne cette méthode à méditer à nos aristarques.

Mais je ne leur donnerai pas pour modèle un autre journaliste que je vis aussi chez M. de Lancy, et qui était pourtant un homme d'un esprit remarquable, M. L.....y. Oh ! celui-là, c'était une position originale que la sienne, et il faut une civilisation bien, bien avancée, pour produire de pareils fruits. Dieu sait sur quels arbres ils poussent et ce qu'on y enta pour leur faire rapporter de ces fruits-là? M L.....y, un tout petit homme fort laid, attaché particulièrement au ministère de l'intérieur, était chargé de répondre dans les journaux du gouvernement aux articles de l'opposition, de détruire leurs arguments, d'anéantir leurs accusations et de les attaquer eux-mêmes, soit avec leurs écrits, soit avec les actions qu'ils croyaient ensevelir dans la poussière des temps passés. M. L.....y, ayant pour auxiliaires les investigations de la police, savait les secrets de chacun et s'en servait habilement pour déconcerter l'ennemi. Mais le plus singulier de l'affaire, c'est que l'opposition de ce temps-là n'étant guère qu'une chasse aux *portefeuilles*; lorsque celui qui attaquait le ministère était plus adroit que le ministre, qu'il trouvait le défaut de la cuirasse, le renversait et prenait sa place, M. L.....y continuait auprès de lui le rôle qu'il jouait sous son prédécesseur; il défendait tous ses actes et gardait les attaques, jadis dirigées contre lui, pour le ministre tombé qui se plaçait naturellement dans les rangs de l'opposition; alors tout ce qu'il avait de malicieux arguments, de vives récriminations, d'adroites ruses pour dérouter l'adversaire, était mis en usage, et parfois la connaissance que l'habile journaliste avait acquise du fort et du faible de l'homme au pouvoir pendant qu'il lui servait d'interprète l'aidait à le vaincre quand il combattait contre lui. Cependant il arrivait parfois que le ministre déchu reprenait cette puissance qu'on lui avait arrachée. Vous croyez peut-être que c'en était fait de M. L.....y? Point!... le ministre continuait à se servir pour sa nouvelle défense de ce même M. L.....y, et le journaliste, regardé comme indispensable à cause de la féconde sagacité de ses attaques et de ses victorieux arguments pour ou contre... restait l'épée... non, le stylet largement payé du ministre, quel qu'il fût, pour riposter aux stylets affilés de l'opposition. Oh! les mœurs parlementaires n'étaient pas les mœurs chevaleresques où les Français ne se battaient qu'avec *armes courtoises!* M. L.....y recevait en argent tout ce qui manquait à l'honneur de ces combats; il était donc fort riche, mais fort malheureux; ce qui lui manquait le tourmentait au point de lui ôter toute satisfaction de ce qu'il possédait. Le luxe et les plaisirs l'entouraient sans qu'il en jouît; il souffrait intérieurement, et ceux qui vivaient près de lui savaient quelle tristesse profonde et douloureuse glaçait tout à coup, à une table somptueuse, dans son élégante voiture et à côté de la jeune et jolie femme qu'il épousa dans ses derniers jours, la gaieté vive et spirituelle qui avait brillé jadis dans toutes ses joyeuses paroles. Il demanda plus d'une fois au ministre qu'il défendait quelque place honorable : elle lui fut refusée; mais, l'eût-il obtenue, l'honneur est dans l'homme lui-même, et rien de ce qui l'entoure ne peut forcer personne à l'estimer s'il ne le mérite pas, comme rien ne peut le consoler de la perte de cette estime.

Est-ce qu'à tout prendre, ce qu'il y aurait de plus habile pour le bonheur, même en ce monde, serait encore d'être honnête homme?

Ce bon M. de Lancy, qui était aussi honnête qu'aimable, garda la douce gaieté de son esprit jusqu'au jour où la maladie vint le frapper. Aussi ceux qui l'aimaient et l'estimaient ne cessèrent-ils jamais de remplir son salon.

Cependant le lieu de la réunion changea. M. de Lancy quitta les vieux bâtiments pour s'installer dans la nouvelle maison construite près du monument qui reçut les livres nombreux de la bibliothèque Sainte-Geneviève. Ce monument est beau, bien approprié à sa destination, et de nature à faire honneur à M. la Brouste, l'architecte qui l'a construit. Mais, à l'âge qu'avait alors M. de Lancy, on tient à ce qui vous entoure depuis de longues années. Il regretta son vieux logement et sa bibliothèque moins belle; et ce qu'il y a de plus singulier, c'est que le nouveau salon, tout frais, tout neuf, tout élégamment meublé, ne trouva pas autant de gaieté que l'ancien dans les mêmes personnes qui s'y rassemblaient... Quand on s'est vu plus de quinze années au même lieu, les coins du salon, les meubles, les glaces... tout vous est familier et vous met à l'aise... Ce fauteuil vous connaît, il est votre intime, il entendit des confidences à un ami, ou des plaisanteries à la société. Cette glace vous vit lui sourire, elle vous conseilla parfois une amélioration heureuse à votre toilette; il semble donc qu'elle vous aime, que vous l'aimez, qu'elle est une ancienne amie. Rien n'existe de tout cela dans un logement nouveau, et il vous faut quelque temps avant de vous y trouver à l'aise comme on l'est chez une intime connaissance. Puis souvent, dans ce vieux bâtiment qui datait d'un autre âge et d'une autre société, la conversation évoquait les souvenirs de cette époque : là avait demeuré l'abbé suzerain de cette riche, vaste et vieille abbaye. Ce prêtre était presque un roi; il avait de riches domaines, des serfs et des vassaux qui ne relevaient que de lui, et sur lesquels il avait droit de vie et de mort... Nul ne pouvait quitter cette dépendance, et les paysans étaient aussi soumis que les moines au supérieur qui traitait d'égal à égal avec les rois.

Il y a loin de cela à la liberté individuelle et à la loi égale pour tous! Cependant ces temps qui nous semblent si rudes avaient certainement des douceurs qui nous sont inconnues. L'esprit qui présida à ces vieilles institutions échappe à présent au grand nombre; mais il dut être, dans le principe, rempli d'une sagesse équitable et protectrice! Qui de nous pourrait croire, en écoutant le récit des fables du paganisme, que des hommes si éclairés, que leurs lumières illuminent encore les temps modernes, tels que Socrate, Aristote et Platon, ont accepté ces folles croyances et ce culte déraisonnable, si l'on ne devinait sous les fabuleuses créations de la mythologie un sens caché d'une nature sublime qui pouvait satisfaire des esprits d'un ordre aussi élevé?

Le désir d'être initié aux pensées de ceux qui vécurent dans des époques différentes de la nôtre excite donc toujours notre curiosité et notre intérêt quand nous nous trouvons aux lieux où ils habitèrent.

La réunion de M. de Lancy était moins animée et moins intime quand elle eut quitté la vieille abbaye; pourtant, c'était encore et ce fut toujours les mêmes amis.... Ce bon M. Avenel, ce savant M. Ferdinand Denis, notre excellent docteur Saint-Germain, si distingué de cœur et d'esprit, M. Patin, le général de la Rue, MM. Nibelle et Eugène Loudun, tous gens d'esprit qui apportaient là leur bonne et aimable amitié. Puis, parmi les visiteurs moins intimes, l'on voyait aussi C... B..., auteur de quelques comédies en vers représentées avec succès, mais qui ne parvinrent cependant pas à lui ouvrir les portes de l'Académie, auxquelles il frappa vainement. Il avait une singulière habitude, c'était d'user son temps, ses pas, son crédit pour demander pour lui-même toutes les places de ses amis; il demanda un jour celle de M. de Lancy, dont il était le subordonné à la bibliothèque Sainte-Geneviève. M. de Lancy le sut, et toute sa société en fut instruite; aussi riait-on dans tous les coins du salon quand cet excellent M. de Lancy, qui le recevait malgré cela, lui faisait réciter quelques scènes d'une comédie où il flétrissait dans un jeune homme pressé de parvenir une intrigue du même genre contre un ami : les vers n'étaient pas bons, la pièce non plus, elle fut refusée; mais elle servit parfois la très-innocente petite vengeance de M. de Lancy, qui se borna à lui faire réciter quelquefois chez lui cette scène qui nous amusait beaucoup par la singulière situation qu'elle faisait à l'auteur.

M. de Lancy avait écrit dans des revues et dans des journaux de très-bons articles d'économie politique et d'administration, mais sans jamais y mettre son nom, et sans jamais en rien retirer que l'espoir d'être utile. Il plaisantait avec esprit sur ce que les écrivains retiraient plus ou moins d'argent de leurs œuvres, en sens inverse du plus ou moins de mérite qu'on pouvait y trouver, et du temps qu'on y avait mis. Ainsi l'ouvrage sérieux écrit avec soin, qui a demandé de longues études, de profondes réflexions, un temps considérable à méditer et à écrire, et qui peut être d'une grande utilité, ne rapporte presque jamais d'argent à son auteur, ou lui en rapporte si peu, que ce n'est pas la peine d'en parler. Mais, à mesure que les œuvres perdent en valeur réelle, elles sont payées davantage, et les choses tout à fait grossières et grotesques ont plus de chances qu'aucune autre de valoir de l'argent à leur auteur. Il racontait, à l'appui de ce système, qu'étant un jour à déjeuner chez un restaurateur avec un ami et lui développant ce texte-là, ils virent tout à coup la foule se presser autour d'un crieur public qui vendait l'histoire d'un merveilleux animal produit d'une poule et d'un lapin.

— Écoutez-moi, dit M. de Lancy à son ami, j'ai envie de faire un pari avec vous. C'est que, si j'écrivais une stupidité dans le genre de ce qu'on proclame là devant nous, je gagnerais plus d'argent que ne vous en rapportera l'excellent volume que vous allez faire paraître, et dont vous venez de me lire des fragments.

— Essayez, dit l'ami.

— Essayons, reprit M. de Lancy, car je veux que vous soyez de moitié.

— Je veux bien, répondit en riant l'écrivain sérieux; mais moi je ne saurais pas trouver de folie de ce genre, et je doute que vous en trouviez.

— Moi... dit après un moment de réflexion M. de Lancy, pas plus que vous je ne saurais imaginer de pareilles choses, nous ne ferions rien qui vaille; aussi ce ne sera pas nous qui inventerons quelque chose.

— Qui donc alors? s'écria l'ami déconcerté.

— Qui? ma portière.

— Comment?

— C'est fait.

— Est-ce possible?

— Oui, j'ai ce qu'il nous faut, une histoire stupide qu'elle m'a racontée ce matin en m'apportant mes lettres, et que nous intitulerons : *Le mari qui a rendu des corbeaux vivants.*

— Excellent titre; mais l'histoire?

— L'histoire? juste ce qu'il nous faut, vous dis-je.

— Vraiment.

— Elle n'a pas l'ombre du bon sens; mais vite, mon ami, sonnons, faisons chercher du papier, demandons des plumes et de l'encre, et ne sortons d'ici que pour porter le manuscrit à l'imprimerie.

Ce qui fut dit fut fait... l'histoire n'était ni bien nouvelle, ni bien jolie. Une femme avait dit à sa voisine que son mari, pris de vomissements, avait rendu quelque chose d'aussi noir qu'un corbeau, et cette voisine avait raconté à une autre portière que le mari de son amie avait rendu un corbeau; à la porte voisine, on dit deux corbeaux, et, de porte en porte, un autre corbeau ajouté avait accru le nombre des corbeaux au point que, dans la soirée, il y en avait autant que la rue avait de numéros.

Il fut donc crié dans les rues de Paris :

« Histoire merveilleuse du mari de la rue Mouffetard, qui a rendu trente-neuf corbeaux vivants! »

Et ce joli ouvrage, qui se vendait deux sous, fut vendu dans une journée à un tel nombre d'exemplaires, qu'il rapporta neuf cents francs, tous frais payés; de plus de la gaieté pour longtemps, et même des plaisanteries pour toujours, car M. de Lancy en riait encore de bon cœur dans sa vieillesse en répétant que c'était tout ce que la littérature lui avait rapporté.

Cette vieillesse aimable, nous l'avons vue finir entourée d'amis et d'amies. La marquise de Gualcazar, bonne et spirituelle Française, veuve d'un grand d'Espagne; madame de Bolly, dont la conversation pleine d'esprit, de finesse et de malice, secondait merveilleusement les aimables et piquantes saillies de M. de Lancy, et faisait mieux ressortir encore la bonté qui les accompagnait toujours, étaient comme moi fidèles à ses charmantes soirées.

Ces réunions furent interrompues par la cruelle maladie qui vint frapper le maître de la maison. Cette maladie dura longtemps; elle attrista profondément ses amis, mais ne lassa jamais la patience d'un frère qui se dévoua tout à lui... Cet excellent et honnête M. de Lancy devait être entouré de dévouement et d'honnêteté... Dans un de ces tristes moments qui précédèrent sa mort, et où sa pensée commençait à lui échapper, il prit un jour dans son secrétaire des billets de banque qu'il chiffonna et jeta aux mains de son domestique, en lui disant d'emporter cela... Ce brave homme s'empressa d'aller remettre le tout au frère de M. de Lancy. Il y a dans le bien comme dans le mal quelque chose de communicatif; en s'améliorant soi-même, on travaille aussi à rendre les autres meilleurs : le vieux serviteur avait fini par ressembler à son maître.

M. de Lancy mourut le 12 septembre 1856.

Un cortége nombreux suivit son convoi. Ceux qui l'avaient connu dans les salons disaient : « C'était un homme charmant! » ceux qui avaient eu affaire à lui ajoutaient : « C'était un homme de bien! »

LE SALON

DE

MADAME RÉCAMIER

Le pauvre de Hyde-Park. — La maison d'Auteuil. — Le président du conseil des ministres. — Royauté de madame Récamier. — Chateaubriand, le petit chat et la sonnette. — M. Ballanche. — M. Ampère. — M. le duc de Noailles. — M. et madame le Normand. — Mots de Chateaubriand au sujet du mariage. — Sa tragédie de *Moïse*. — Vieillesses pénibles, vieillesses heureuses.

Sterne raconte qu'étant un jour en observation à Hyde-Park il vit une espèce de pauvre honteux s'approcher de ceux qui se promenaient dans le royal jardin ; il leur parlait à l'oreille et au premier mot ils s'arrêtaient ; sa prière était écoutée avec intérêt, bientôt même on voyait mettre la main à la poche ces passants plus ou moins distraits, plus ou moins pressés ; ils venaient de traverser, sans être émus le moins du monde, un groupe de mendiants qu'on voyait à la porte du jardin et qui exposaient leurs misères les plus douloureuses par les plaintes les plus touchantes ; et cette générosité qui prodiguait l'aumône à un mot, après s'être refusée à écouter des supplications, étonna le philosophe observateur qui fut curieux de connaître quels moyens éloquents le pauvre honteux mettait en usage pour toucher en un instant les cœurs les plus endurcis et les intéresser à ses infortunes. Il faut, disait le moraliste, que son malheur soit bien réel et même bien extraordinaire, pour qu'il intéresse ainsi successivement toutes ces personnes qui sûrement diffèrent entre elles de caractère, d'idées et d'habitudes ? Que peut-il leur dire ? Ces réflexions le menèrent naturellement à une curiosité qui voulut se satisfaire : c'était une étude du cœur humain qui tentait son ingénieuse sagacité.

Sterne fut donc, tout doucement et en évitant d'attirer l'attention, s'asseoir derrière l'arbre le plus voisin de l'endroit où le solliciteur habile exerçait son industrie ; il vit bientôt arriver à la promenade d'un air distrait et le nez au vent un de ces officiers qui passent à Londres un congé longtemps demandé et viennent y perdre quelques illusions de plaisirs et d'avancement, ayant d'ordinaire leurs cervelles aussi vides d'idées que leurs bourses vides d'argent; pour cette fois, dit le philosophe, mon homme y perdra sa peine, et toutes ses phrases les plus poétiques ne lui vaudront pas un schelling... Mais le pauvre eut un air souriant, et, se soulevant pour arriver à l'oreille de l'officier dont la taille était aussi développée que possible par l'habitude de la tenue militaire :

— Mon général, lui dit-il à voix basse, je suis tellement troublé par le respect et l'admiration que m'inspire votre prodigieux courage, que j'oublie toute ma misère dont j'aurais voulu vous parler.

Le capitaine s'arrêta.

— Ah! oui, arrêtez-vous, que j'aie le bonheur de contempler un des grands hommes de notre pays!

Le capitaine mit la main à sa poche aplatie.

— J'oublie, reprit le mendiant, oui, j'oublie dans ma joie et dans mon admiration que je n'ai pas mangé depuis deux jours!

Il y avait dans le regard et dans toute la tenue du pauvre un tel sentiment d'enthousiasme contenu, que le capitaine, ému à son tour, écarta la petite monnaie de cuivre que sa main tenait déjà, et que la dernière pièce d'argent qui restait dans sa poche moins garnie que celle du demandeur passa immédiatement dans cette main dont le geste ressemblait encore à un point d'exclamation !

Cette petite scène se renouvela constamment avec peu de variation dans la forme ; il n'y avait que le sujet de l'admiration qui changeait suivant l'apparence de ceux qui passaient. Mais le sentiment de l'oubli de soi-même, devant la joie de contempler quelqu'un dont la vue absorbait toutes les émotions du quêteur, était toujours semblable et amenait toujours le même résultat.

La recluse de l'Abbaye-aux-Bois avait lu Sterne, où son instinct lui avait révélé que l'orgueil et la vanité sont toujours le point vulnérable par lequel on peut dominer l'espèce humaine.

Depuis le premier jusqu'au dernier des écrivains ou des artistes, tous entendirent de la bouche de madame Récamier cette même formule admirative, le jour où ils la virent pour la première fois. C'était avec une voix faible et tremblante qu'elle leur disait :

— L'émotion que j'éprouve à la vue d'un

homme supérieur ne me permet pas de vous exprimer comme je le voudrais toute mon admiration, toute ma sympathie... Mais vous devinez... vous comprenez... Mon émotion en dit assez...

Cette formule laudative, une espèce d'hésitation calculée, des phrases interrompues et des regards doux et troublés faisaient ressentir à celui qu'on recevait ainsi une véritable émotion, en échange de l'émotion factice qui l'accueillait.

Ce fut à cet artifice de flatterie universelle toujours le même que madame Récamier dut ses plus grands succès et l'avantage de réunir autour d'elle les hommes éminents de notre époque.

Il faut ajouter que cela se disait à voix basse, n'était jamais entendu que de celui à qui elle parlait et qu'elle y mettait une grâce infinie; car madame Récamier, qui n'avait pas l'esprit de conversation, avait au suprême dégré l'adresse et l'habileté de l'esprit dans ses combinaisons pour arriver au but qu'elle se proposait; quand elle avait décidé que tel homme remarquable ferait partie de ses réunions, les fils imperceptibles qu'elle tendait sur toutes ses routes étaient innombrables, et bien adroit celui qui savait y échapper.

On a tant menti de nos jours, que ceux qui diront la vérité sur notre époque courent grand risque de passer pour menteurs. Quant à moi, quelles qu'aient été mes relations, bonnes ou mauvaises avec ceux dont je parle, je m'impose le devoir de les juger impartialement. Le sentiment de la justice est la probité de l'esprit.

Je crois donc que celui qui, dans ses paroles ou ses écrits, refuse une part de l'éloge dû à quelqu'un est plus coupable que le voleur prenant une part de son argent. Mais l'éloge de ce qui est blâmable me paraît aussi injuste que les critiques sur ce qui est bien: les deux choses sont également nuisibles, et ceux qui les font également méprisables! L'*Alceste* de Molière a parfaitement raison sur ce point là. Est-ce qu'il est permis de se servir de fausse monnaie?

J'ai longtemps étudié l'habileté avec laquelle madame Récamier amenait les autres à subir sa volonté. C'était une étude curieuse que celle de cette vanité qui ne s'oubliait pas un moment, mais qui ne se livrait jamais et qui employait les formes les plus gracieuses et les plus séduisantes pour tirer parti de la vanité de ceux qui l'approchaient!

Lorsqu'il convenait à ses projets d'attirer chez elle un homme distingué, elle se liait avec femme, enfants, amis et connaissances, quitte à les écarter ensuite quand le but était atteint ; rien ne lui coûtait pour y arriver, c'étaient des courses du matin, des visites, des voyages ! L'un de ces travaux les plus minutieux, les plus persévérants, eut lieu sous mes yeux, et j'en suivis toutes les péripéties avec intérêt, à mon grand amusement. Il s'agissait d'enserrer dans le cercle de son intimité un homme illustre dont la situation politique était des plus éminentes. Oh ! le but était digne de grands sacrifices. Aussi on ne les épargna point ; on finit même par louer une maison de campagne à Auteuil, pour l'été, car les fatigues de la vie politique y avaient amené l'homme d'État : il cherchait là chaque soir un peu d'air pur et de solitude après une journée laborieuse.

Madame Récamier loua donc, tout contre cette splendide demeure, une petite et laide maison sans jardin, et, comme c'était, disait-on, pour prendre l'air qu'on venait là, il fut demandé une permission de promenade dans le parc du ministre, qu'on connaissait assez pour vouloir le connaître davantage et qui eût fait un admirable pendant au fauteuil occupé par Chateaubriand à l'un des côtés de la cheminée du salon de l'Abbaye-aux-Bois ; une fois la permission obtenue, on se promena sans cesse, on fêta la belle-sœur qui tenait la maison, femme d'esprit qui devina tout et en rit avec ses amies ; on cajola les jeunes filles qu'on fit danser dans des matinées d'enfants; on avait jusqu'à des gimblettes pour je ne sais quel carlin bien posé dans la famille ! Mais ce fut surtout pour cet illustre ministre qu'on eut recours aux plus flatteuses émotions, à des troubles inouïs, à des admirations exprimées par d'adroites paroles et par de plus adroites réticences, lorsqu'un hasard prévu et cherché amena quelque rencontre dans le parc. Oh ! toutes les ressources furent épuisées et l'on joua le grand jeu. Mais, hélas ! cette fois les peines furent à peu près inutiles, et toute l'habileté échoua ou du moins n'eut pas un succès complet; l'homme d'État, accoutumé aux douceurs d'un autre genre que l'opposition lui lançait chaque matin, était cuirassé contre les paroles. Les flatteries n'atteignaient pas plus que les injures à la *hauteur de ses dédains* ; il fut poli, mais voilà tout ;

il n'y eut pas moyen d'amener à des soins assidus l'homme inflexible dont on eût peut-être vaincu plus facilement la rigidité, si une puissance rivale fort maltraitée depuis dans les *Mémoires* de Chateaubriand, comme toutes les personnes qui ne se prêtèrent pas aux projets de madame Récamier, n'eût opposé son *veto*.

On en fut donc pour ses frais dans cette mémorable occasion.

Il est inutile de dire que la petite maison de campagne parut inhabitable, qu'on revint bien vite à l'Abbaye-aux-Bois, où tant de projets menés à bien pouvaient faire oublier un mécompte, et où des espérances de nouveaux succès ne laissèrent pas le temps de s'en occuper.

Il faut ajouter qu'alors madame Récamier avait atteint le déclin de la vie et que la vieillesse est moins heureuse dans ses combinaisons que ne le sont les jeunes années. Moi, je n'ai pas vu les beaux jours de cette jolie figure pleine d'irrésistibles séductions; ce n'est que vers 1840, lorsque quelques ouvrages que j'avais fait représenter avec bonheur sur le théâtre firent connaître mon nom à madame Récamier, qu'elle demanda à une amie qui nous était commune de m'amener chez elle ; à cette époque, elle était très-âgée et dépassait soixante ans : il ne lui restait guère alors de sa beauté que des regrets ! Sans doute ceux qui l'avaient vue belle replaçaient en pensée, sur ses traits altérés, ces formes charmantes qu'ils n'avaient plus. Moi, je ne vis qu'une femme vieille, de taille moyenne et de traits délicats; mais, quoique l'art qui présidait à sa toilette fût aussi habile que celui qui dirigeait ses paroles, je ne me figurai point cette admirable beauté qui l'avait rendue illustre. Il était trop tard ! Pourtant j'avais retrouvé cette beauté passée sur les traits de la célèbre madame Lebrun, bien qu'elle fût plus âgée que madame Récamier lorsque je la vis pour la première fois; mais elle portait plus vaillamment la vieillesse, et les autres ne s'apercevaient pas plus qu'elle que le poids des années lui fût lourd à porter. Ah! c'est que madame Lebrun avait le goût réel, la passion, le génie des arts et de la littérature, dont madame Récamier n'avait que la vanité. La vie de madame Lebrun était simple, naturelle et toute remplie d'élans spontanés : la vie de madame Récamier était compliquée, calculée; chaque mot y était habilement combiné pour arriver à un but toujours le même, qui était d'attirer autour d'elle tout ce qu'il y avait de remarquable dans la société. Mais cette pensée constante avait des milliers de moyens pour s'exprimer. L'étude n'en a pas été sans plaisir et sans utilité pour moi ; mais c'était pour elle une fatigue continuelle qui absorbait tout ce qui lui restait de force et de vigueur.

Madame Récamier avait eu, par l'éclatante beauté qu'elle possédait à l'époque du Directoire, cette grande et irrésistible puissance de la femme qui attire à elle, sans le savoir et sans le vouloir, tous les cœurs aimants et tous les esprits qui sympathisent avec le beau. Ce n'est pas seulement comme à une femme que les hommes viennent à celle qui est jolie, c'est aussi comme à un objet d'admiration : on entoure bien, au musée, le tableau supérieur, on court bien à la musique harmonieuse, on cherche bien l'œuvre du grand sculpteur, du grand architecte! Toute beauté a ses droits, et celle de la femme est plus sympathique au cœur que toute autre!

Mais les années étaient venues emporter une à une les beautés de la jeunesse, et madame Récamier essayait, comme la plupart des femmes, de les remplacer par des coquetteries habiles.

Toutes ces coquetteries eussent été innocentes si madame Récamier n'eût pas oublié, dans les soins qu'elle prenait pour retenir ses amis en leur rendant service, que cela nuisait à d'autres! Mais qui n'oublie pas, pour servir l'amitié, ce qu'exige parfois l'*esprit de justice?* Qui n'abuse pas un peu de sa puissance pour détourner au profit de ce qu'on aime des récompenses peut-être mieux placées ailleurs? C'est un plaisir pour le cœur et un triomphe pour la vanité qu'on ne sait guère se refuser!

Mais alors on devient tout-puissant; car à Paris, dès qu'on a prouvé que l'on possède assez de pouvoir pour imposer une chose injuste, la maison ne désemplit pas. Tout le monde demande quelque chose, et si peu de personnes ont des droits pour obtenir!

Depuis qu'on ne demandait plus à madame Récamier un regard, un sourire, un mot d'amour, on venait lui demander des louanges, des services, des places; cela valait mieux à ses yeux que l'abandon; elle gardait ainsi une espèce de royauté.

Chère et triste reine! J'ai plus d'une fois sondé les profondes mélancolies et observé les efforts impuissants du déclin de votre règne! Mais n'aviez-vous donc pas vu que, dans notre pays, nul souverain ne gardait sa couronne? Ne saviez-vous donc pas que même celle de la gloire ne tenait qu'à peine sur le front le plus digne de la porter? Chateaubriand, roi par le génie, n'a-t-il pas vu chanceler la sienne, et vos mains, habiles et délicates, ne se sont-elles pas fatiguées à écarter ce qui, sans elles, eût terni son éclat? Mais qui donna jamais sa démission de jolie femme ou de grand homme?

Ce qui attira plus particulièrement l'attention sur la retraite de l'Abbaye-au-Bois, ce fut la présence de Chateaubriand; il était le héros... ce n'est pas dire assez, le dieu du salon de madame Récamier; et, dans les dernières années de sa vie, elle avait obtenu qu'il n'irait plus nulle part et ne serait vu par personne, ailleurs que chez elle.

Bien des gens venaient donc là pour lui, et j'avoue que je fus du nombre des personnes que le désir de voir de près l'homme à la grande renommée littéraire attira chez madame Récamier;

je crois que je ne l'aurais pas cherchée sans cela, malgré son invitation! Peut-être sa réputation de beauté m'eût-elle amenée chez elle aux jours de son éclat, tant le beau, sous toutes ses formes, a d'attrait pour moi! Mais ce temps était passé, et rien ne m'a été plus pénible et ne m'a donné une idée plus douloureuse de la triste fragilité des choses de ce monde que le visage flétri et déformé d'une femme qui fut belle : cela serre le cœur et fait mal, tandis que la beauté immortelle de la pensée vous ranime et vous exalte l'âme, à la vue d'une personne dont les œuvres supérieures garderont leur éternelle jeunesse!

Aussi mon cœur battait-il bien fort le jour où je montai pour la première fois l'escalier de madame Récamier, à l'Abbaye-aux-Bois, où je savais que j'allais trouver Chateaubriand.

Le salon où je fus introduite, et où se tenait toujours madame Récamier quand elle recevait, était une grande pièce au premier étage, précédée de deux petites. Le jour y était tellement ménagé et de doubles rideaux clairs et épais faisaient une telle résistance à l'invasion des rayons lumineux, qu'il était impossible de rien distinguer en entrant. J'ai vu des gens saluer à leur arrivée le philosophe Ballanche en le prenant pour la maîtresse de la maison.

Les réceptions avaient lieu de quatre heures à six tous les jours.

Quelquefois il y avait des invitations nombreuses pour cette même heure du jour. Mais alors une lecture, de la musique, un but enfin motivait la réunion; la lumière y était de même ménagée avec une telle parcimonie, qu'il était difficile de s'y reconnaître.

J'y ai vu aussi quelques grandes réunions le soir, mais très-rarement, et Chateaubriand n'y paraissait pas, je ne l'y vis qu'une seule fois. Voici à quelle occasion :

M. de Fresnes avait composé de la très-belle musique sur un opéra intitulé : *Cymodocée*, dont le sujet, tiré des *Martyrs* de Chateaubriand, avait été arrangé avec beaucoup d'art par M. Pître Chevalier; cette musique, harmonieuse et savante, fut très-bien exécutée par des artistes et fit un grand effet. On avait convoqué tous les connaisseurs, amateurs et juges compétents; la presse fut invitée à prendre part à la fête et à se montrer un peu indiscrète en dévoilant au public les mystères de cette bienheureuse retraite soi-disant cachée : elle y était représentée par ses rédacteurs les plus fameux, MM. Jules Janin, Théophile Gautier, Édouard Thierry, Fiorentino, Francis Wey, Léon Gozlan, etc.

Je vis ce jour-là, pour la première fois, une personne tout aimable, mademoiselle d'Angeville. On connaît le courage qu'elle déploya en montant au sommet du Mont-Blanc. Son caractère a, de plus, des qualités qui ne sont pas connues de tous et qui lui ont valu de sincères amitiés.

Chateaubriand, pendant cette soirée, se tint constamment dans une petite pièce qui précédait le grand salon. On y entendait à merveille la musique, mais l'obscurité y était telle, qu'on ne le voyait pas, lui, le héros de la fête.

Lorsqu'on parvenait à grand'peine jusqu'à lui, il passait son temps à s'excuser d'être dans un salon à cette heure, ce qui était contraire à ses habitudes, car il arrivait d'ordinaire à l'Abbaye-aux-Bois vers trois heures, et prenait alors le thé avec madame Récamier en tête-à-tête, la porte étant fermée pour tout le monde.

A quatre heures, cette porte s'ouvrait, et ceux qui arrivaient trouvaient invariablement le grand homme assis au côté gauche de la cheminée dont la maîtresse de la maison occupait la droite. Quelques habitués venaient là tous les jours, puis un nombre considérable de visiteurs arrivaient successivement. On causait à mi-voix, comme s'il y avait eu un malade dans la chambre. Si une parole trop élevée se faisait entendre, c'était un mouvement de surprise générale qui semblait dire : Quelle est cette personne mal apprise, étrangère à notre société d'un ordre supérieur, et qui n'est pas digne d'en faire partie? Malheur à qui n'eût pas su comprendre!

Chateaubriand restait quelquefois longtemps sans dire un mot, mais sa physionomie avertissait de l'intérêt qu'il prenait à la conversation lorsqu'elle lui plaisait... et il la dominait même quand il ne s'y mêlait pas. Car, lorsqu'elle ne lui était pas agréable, il ne se gênait point pour s'y montrer tout à fait indifférent et s'occuper d'un petit chat assez laid qui dormait sur une chaise basse, placée à côté de la sienne, et semblait le garder et écarter ceux qui auraient été tentés de se mettre à portée de lui parler particulièrement. Ce chat de gouttière, admis au salon, avait, comme toute chose, sa raison d'être là. Car rien ne se faisait pour rien dans cette maison, et le calcul passait partout. Si les caresses données au chat par la main nonchalante du grand homme ennuyé se prolongeaient par la continuité de la conversation... un autre mouvement plus explicite annonçait bientôt un surcroît d'ennui et un commencement d'impatience; le chat était abandonné et les doigts agités du héros promenaient leurs extrémités d'une façon fébrile sur le gland d'une sonnette qui tombait à côté de la cheminée; et, bien que, sans doute, nulle explication n'eût appris à madame Récamier que ce mouvement fût l'expression de la dernière limite de l'impatience causée par la conversation d'un ennuyeux, il est certain que la maîtresse de la maison trouvait toujours alors un moyen d'avertir le causeur malencontreux que le moment était venu de mettre des bornes à son éloquence.

Cette petite scène s'est renouvelée bien des fois devant moi.

Cependant Chateaubriand, vieilli, ennuyé, découragé, avait encore dans l'âme des cordes sensibles qui tout à coup résonnaient quand on venait à les toucher. Alors il parlait avec un enthousiasme communicatif. Sa voix vibrante, sonore et douce avait des accents enchanteurs, et une façon si distinguée et si gracieuse de prononcer certains mots, que ses séductions étaient irrésistibles. Sa tête, trop longue pour sa petite taille, avait une beauté noble et intelligente dont le charme était inexprimable; on ne pouvait le voir sans deviner un homme supérieur, l'entendre sans être séduit par ses paroles.

On se demandera peut-être comment il se fit qu'il n'entraîna jamais la majorité à son avis lorsqu'il parla à la Chambre des pairs?

C'est que, sans doute, les hommes qui la composaient étaient presque tous armés contre lui de la crainte d'en être dominés. Sa supériorité les effrayait, ils se tenaient en garde et se révoltaient contre une personnalité rayonnante; car, il faut le dire, Chateaubriand fut un des premiers fervents de ce culte moderne qu'on pourrait appeler l'adoration perpétuelle de soi-même, et qui a été la religion exaltée des écrivains de nos jours;

mais il y portait cette grâce d'un homme du monde et cette finesse d'un homme d'esprit qui arrêtent l'orgueil sur les confins du ridicule.

Il a dit lui-même : « Si on m'accuse de me glorifier, je répondrai qu'il faut à présent agir avec la société comme on le fait dans un estaminet, où l'on est obligé, pour ne pas être étouffé, de repousser avec sa fumée la fumée d'autrui. »

Les habitués de chaque jour, chez madame Récamier, étaient à l'époque où je la connus, outre Chateaubriand :

Ballanche, qu'une loupe défigurait et qui n'était guère plus agréable à entendre qu'à voir; un défaut de prononciation et des distractions continuelles ne lui permettaient pas d'achever une seule phrase. C'était toujours une énigme à deviner.

M. David, qui n'avait nulle célébrité, mais qui était un excellent homme, dévoué de tout cœur à madame Récamier.

M. E. de Fresnes, parent de la maîtresse de la maison, jeune, vif, d'un esprit actif et créateur, qui composait de la belle musique et inventait une manière de voyager dans les airs; mais il parlait peu : son extrême jeunesse n'osait se produire avec tout son mouvement devant la respectable immobilité de l'illustre vieillard.

M. Ampère gardait seul son aimable naturel; la célébrité de son père lui avait valu, tout enfant, l'avantage de vivre près des grandes renommées sans en être troublé. C'était bien l'esprit le plus agréable de la société réunie là : une verve tempérée par le bon goût, des saillies toujours bienveillantes et une gaieté continuelle en faisaient la joie de la maison. Malheureusement, il avait pris tout à coup la passion des voyages. L'Orient l'attira. Il partit, et de ce jour l'intérieur de ce salon devint triste et sombre. La joie n'y apparaissait qu'à de rares intervalles et n'y restait pas longtemps.

Quant aux visiteurs qui venaient souvent, sans cependant être là tous les jours, ils étaient innombrables. Nous citerons d'abord :

M. le duc de Noailles, maintenant de l'Académie, et qui a, dans deux beaux volumes pleins d'intérêt, élevé un véritable monument à madame de Maintenon.

M. le comte de Vérac, pair de France.

M. Hochet, ancien ami de madame de Staël.

M. Sainte-Beuve, cet écrivain si spirituel et cet historien charmant de toutes les gloires littéraires de notre pays; mais il cessa d'y venir plusieurs années avant que le salon se fermât.

M. de Loménie, cet aimable professeur qui est un écrivain distingué.

Peu de femmes venaient habituellement aux petites réceptions de quatre heures; on n'y voyait guère que madame le Normand, nièce de madame Récamier, charmante femme remplie d'un mérite réel. Elle faisait les honneurs de la maison de sa tante et contribuait à l'agrément de la société, ainsi que son mari, dont la conversation est des plus aimables et des plus intéressantes.

Plus rarement venaient ensuite quelques grandes célébrités littéraires et politiques, telles que M. de Tocqueville, cet illustre écrivain qui comprend également le passé et l'avenir de la France, et qui, étranger à toute intrigue ambitieuse, ne porte au cœur que l'amour du bien; M. de Salvandy, loué par les larmes qui entourèrent ses funérailles; M. Pasquier, M. Lebrun, M. de Montalembert, M. de Falloux, et bien d'autres: car, dès qu'on était désigné à l'attention publique, il fallait arriver là.

Aussi toute la littérature y a-t-elle passé, mais une grande partie n'y revint pas; les littérateurs sont curieux, ils veulent voir tout ce qui attire l'attention, mais ils ont des fiertés qui ne leur permettent pas d'humilier leurs prétentions dans un culte continuel devant un écrivain, quelle que soit sa supériorité, fût-ce même Chateaubriand...; il trônait dans ce salon de façon que Beyle (Stendall), après l'avoir vu chez madame Récamier, l'appelait plaisamment le *grand Lama*.

Chez madame Récamier, il fallait à toute force parler de gloire et de renommée; le salon était un temple dont la maîtresse partageait les honneurs avec Chateaubriand. On y brûlait un encens continuel pour tous deux, encens nécessaire si l'on voulait être bien reçu, mais dont la vapeur semblait l'atmosphère naturelle : on ne vous savait pas gré d'y contribuer; il y avait même des jours où Chateaubriand se montrait si dédaigneux et si dégoûté de toute chose, qu'on se sentait atteint d'un véritable découragement auprès de lui.

Cependant il arrivait parfois qu'après avoir été

très-longtemps sans rien dire et sans avoir [illegible] de faire attention aux paroles des autres il lançait une phrase vive, colorée et énergique comm[illegible] ne espèce de résumé de la conversation ou co[illegible] une expression involontaire de l'effet qu'elle avait produit sur lui.

Un jour, j'arrivai gaiement dans le salon de l'Abbaye-aux-Bois vers cinq heures; l'on m'y fit un accueil empressé, et l'on m'interrogea tout de suite sur ce que j'avais pu voir ou recueillir des choses du monde, car dans aucun lieu de Paris l'on n'était plus curieux et mieux instruit que là des bruits de cette société qu'on était censé vouloir y fuir; on savait, avant que j'y fusse arrivée ce jour-là, que j'avais été, la veille au soir, à une fête particulière qui éveillait la curiosité, et il fallait que j'en racontasse tous les détails. Je m'empressai de le faire.

Cette fête se composait d'une messe en musique le matin, d'un grand dîner plus tard, et d'un très-beau bal pour la soirée; tout cela était destiné à célébrer la cinquantième année de mariage du père et de la mère d'un des plus illustres avocats de Paris. M. B... Je racontai tout ce qui s'était [illegible]sé : les plus hautes notabilités du barreau, les illustrations littéraires, les noms historiques du faubourg Saint-Germain, avaient paru à l'église; la famille nombreuse, enfants et petits-enfants, avaient chanté au dîner les refrains de chansons composées pour la circonstance; puis j'ajoutai que le soir au bal, qui était des plus brillants et qui fut ouvert par les deux vieux époux, j'avais éprouvé une véritable émotion que j'exprimais aux personnes qui étaient autour de moi, en disant : Un demi-siècle d'affection, de confiance, où toutes les peines ont été en commun, où la vie a été double et une en même temps, et où l'on appuie les pas chancelants de la vieillesse sur ce même bras qui vous entraînait aux jours brillants des belles années!... Je ne finis pas ma phrase; mes regards s'étaient croisés avec un regard ironique et un singulier sourire qui se faisaient remarquer sur le malicieux visage d'une des plus grandes illustrations de la magistrature; celui dont le sourire m'interrompait ainsi est certainement un des hommes qui ont le mieux personnifié l'esprit vif, net, frondeur et plaisant du vrai Parisien. Ses sarcasmes eurent à la Chambre des députés un grand retentissement; tout le monde devine M. Dupin. Son expression moqueuse m'avait fait pressentir quelque chose d'inconnu, même avant qu'il se fût approché pour me dire :

— Ne vous attendrissez pas ainsi sur cette constante intimité de cinquante années; car, pendant cette époque, ils ont été, volontairement, trente-cinq ans séparés!

J'achevais à peine ce récit que Chateaubriand s'écria en riant :

— Et sur les quinze ans qu'ils vécurent ensemble ils en passèrent au moins quatorze à se disputer : voilà le mariage!

Ces mots jaillissaient du fond de son cœur, les *Mémoires d'Outre-Tombe* en font foi.

Lui aussi, Chateaubriand, avait vécu plus de trente années séparé de sa femme. Il s'en était éloigné forcément, lorsque la Révolution l'avait décidé à quitter la France; plus tard, il pensa sans doute, en y rentrant, qu'ayant adopté une partie des idées révolutionnaires il ne devait rien revendiquer de ce qu'elles lui avaient fait perdre, et il mit son mariage au nombre des priviléges anéantis. Cependant, trente années plus tard, ministre des affaires étrangères sous la Restauration, il crut devoir restaurer aussi son mariage en même temps que d'autres usages perdus qu'on essayait alors de rétablir, mais il ne cachait point ce que ce rapprochement avait eu de fâcheux; il s'y soumit et ne s'y résigna pas. Ses plaisanteries furent une protestation.

Un jour, il avait oublié qu'il était cinq heures et demie, moment où il se retirait de chez madame Récamier. Cet oubli était d'autant plus facile, qu'un vase de fleurs remplaçait la pendule sur la cheminée du salon de l'Abbaye-aux-Bois. Mettant ainsi ce que la nature offre de plus gracieux à la place de ce qu'il y a de plus triste sur la terre, la preuve de la rapidité de ce temps qui est la vie, la maîtresse de la maison le faisait oublier, et il fallait avoir recours furtivement à sa montre pour se souvenir qu'il fuyait là comme partout. Un jour donc Chateaubriand ne se souvint qu'il était attendu par sa femme qu'à six heures, moment où l'on devait se mettre à table exactement.

— O ciel! s'écria-t-il, j'arriverai trop tard!

Puis, s'arrêtant à la porte, avant de sortir, il ajouta en riant :

— Moi, je n'ai jamais faim avant sept heures. Mais madame de Chateaubriand a toujours envie de dîner à cinq; alors nous avons décidé que nous nous mettrions à table à six heures précises; comme cela, nous sommes tous deux contrariés; c'est ce qu'on appelle faire bon ménage!

Et il sortit en riant, bien sûr d'être grondé, nous dit madame Récamier dès qu'il fut parti.

Après son dîner, il restait quelques instants avec madame de Chateaubriand, puis se retirait dans sa chambre où il se couchait à neuf heures tous les jours depuis plusieurs années; il ne fit pas même exception le jour où l'on représenta pour la première fois sa tragédie de *Moïse* à l'Odéon. La pièce, où se trouvaient de grandes beautés, était mal faite comme œuvre théâtrale et ne pouvait guère réussir sur la scène à une époque où l'on exigeait encore de la raison, de la vraisemblance et du bon sens. Mais Chateaubriand ne résista pas aux flatteurs maladroits qui lui conseillèrent de tenter l'épreuve. Cependant ce peu de succès lui fut désagréable, bien qu'il en plaisantât lui-même. Voici ce qu'il racontait un jour devant moi :

— Je m'étais couché, disait-il, ne voulant rien changer à mes habitudes, afin qu'on ne me crût pas occupé de cette représentation. Mais, ajoutait-il en souriant, le fait est que je ne m'endormis pas et que j'attendis avec impatience l'arrivée de mon vieux valet de chambre que j'y avais envoyé en lui recommandant de bien voir et de bien écouter pour me dire tout ce qui se serait passé... J'attendis longtemps son retour, ce qui me fit augurer que la pièce avait été jusqu'à la fin, et j'en étais arrivé à me moquer de moi-même qui m'étais refusé à recevoir des nouvelles de mon ouvrage par mes amis, juges compétents, et qui attendais avec anxiété l'avis de mon domestique, lorsqu'il entra brusquement, s'excusant d'arriver si tard sur la longueur du spectacle, mais ne disant rien de ce qui était advenu. Il fallut donc l'interroger.

— Eh bien! comment cela s'est-il passé? demandai-je en affectant l'indifférence.

— Parfaitement, monsieur le vicomte... On avait bien essayé de faire un peu de bruit.

— Pendant la tragédie?... m'écriai-je involontairement ému.

— Oui, monsieur le vicomte, pendant la tragédie. Mais cela n'a pas été long, et l'on s'est remis en gaieté.

— En gaieté? pendant la tragédie? répétai-je avec surprise.

— Oh! oui, monsieur le vicomte, je vous en réponds qu'ils étaient contents au parterre où je m'étais placé, car ils n'ont plus cessé de rire jusqu'à la fin et en disant des mots si drôles, que j'ai joliment ri aussi!

Mon premier mouvement fut de brusquer un peu le pauvre homme et de repousser ses soins, qu'il m'offrait de tout son cœur, tant je me sentais dans une disposition désagréable; mais j'eus le bon esprit de la vaincre, ajouta Chateaubriand Je le retins lorsqu'il s'éloignait tout déconcerté; je lui fis, du ton amical que j'employais d'ordinaire avec ce vieux serviteur, quelques nouvelles questions sur l'effet de la représentation, et il revint de nouveau sur les facéties auxquelles la pièce avait donné lieu de la part des plaisants du parterre; mais, cette fois, je finis par rire avec lui; et, revenu ainsi à ma bonne humeur, je m'endormis profondément quelques instants après.

L'aimable naïveté de ce récit de Chateaubriand

m'émut bien plus que le charlatanisme qui l'entourait trop souvent, et notamment les jours où il faisait, dans une petite réunion choisie et à des heures particulières, quelque lecture de ses Mémoires à l'Abbaye-aux-Bois; on ne peut imaginer tout l'art qui présidait alors au choix des auditeurs, à celui du morceau lu devant eux, aux insinuations adroites sur ce qui devait être répandu dans les salons ou propagé par les journaux; s'il y avait eu une pareille habileté de mise en scène dans la tragédie, elle aurait été aux nues!

Il y avait dans Chateaubriand de véritables grandeurs, celle de l'intelligence d'abord, et aussi celle d'un noble cœur; son âme était susceptible d'un véritable enthousiasme pour le beau en tout genre, d'un rare courage moral, d'un sincère dévouement à ceux qu'il aimait, et d'un vrai désintéressement. S'il montrait parfois de l'orgueil dans son génie, on ne voyait jamais que de la simplicité dans ses vertus.

Naturellement, la peinture du salon de madame Récamier est remplie comme l'était le salon luimême de la présence de Chateaubriand : il était de ceux qui tiennent grande place! D'ailleurs, à l'époque où je fus dans cette maison, madame Récamier s'absorbait elle-même dans l'existence du grand écrivain dont la société habituelle était sa gloire et son bonheur; si elle lui devait de nombreux visiteurs et une espèce de renommée, lui a dû aussi à ses soins attentifs de ne pas voir discuter et attaquer la sienne. Madame Récamier arrangeait avec art l'apparition de quelque article louangeur dans un journal, quand Chateaubriand paraissait attristé de l'oubli de ses contemporains et laissait échapper de ces mots amers dont on retrouve un trop grand nombre dans les *Mémoires d'Outre-Tombe*. Et, si une phrase peu bienveillante apparaissait dans quelque feuille que ce fût, madame Récamier allait souvent elle-même conjurer, auprès du journaliste hostile, l'orage qui semblait gronder. Ainsi s'est gardée de blessures trop sensibles cette vieillesse glorieuse dans un temps où toutes les gloires étaient flétries et où la société française, armée contre tout ce qui dépassait la médiocrité, ne laissait rien subsister de ce qui s'élevait au-dessus d'elle.

Madame Récamier, malgré cette noble amitié, et malgré la foule de gens distingués qu'elle attirait, avait, à l'époque où je la connus, une vieillesse mécontente et découragée qui était douloureuse à voir. Elle regrettait amèrement sa beauté, qui avait été tellement appréciée par elle, qu'on raconte des traits de sa jeunesse prouvant jusqu'à quel point elle souhaitait que cette beauté fût admirée. Rien ne peut donner l'idée de l'art infini avec lequel elle excellait à en tirer un grand effet.

Tous les bruits du monde avaient des échos à l'Abbaye-aux-Bois; on savait là plus que partout ailleurs l'anecdote du jour, l'histoire scandaleuse du moment, et la bienveillance n'y était qu'apparente... Ce qui atténua pour moi l'affection que m'avaient inspiré d'abord les douces flatteries de madame Récamier, c'est qu'on parlait assez mal autour d'elle de personnes à qui je l'avais vue prodiguer ses plus charmantes douceurs, et que, loin de les défendre, elle se montrait indifférente ou dédaigneuse envers elles, peut-être pour donner plus de prix à l'intérêt affectueux qu'elle montrait à ceux qui étaient là. Autant son sourire était plein de grâce pour la personne à qui elle parlait, autant il était empreint de dédain pour celles qui étaient absentes, pour celles surtout qui s'étaient soustraites à son empire. Elle avait une certaine manière de prononcer ces mots : *Je ne la connais pas*, qui disait parfaitement : elle ne mérite pas d'être connue; elle l'employait même pour des gens célèbres, quand ils n'avaient pas cru devoir payer leur tribut d'hommages à l'Abbaye-aux-Bois, et cette expression dédaigneuse semblait les rejeter dans le mépris ou le néant.

Mais, je le répète, j'ai vu seulement le déclin de la vie de Chateaubriand et de madame Récamier, et j'ai été témoin alors des continuels efforts qu'ils faisaient pour prolonger les triomphes des belles années, et pour ne rien perdre des succès éclatants qu'attirent le génie et la beauté, lutte nécessaire, mais pénible contre le dédain, ou du moins l'oubli d'un monde cruel qui, de nos jours, trouve la plus grande joie à renverser ses idoles.

Combien n'avons-nous pas vu d'hommes éminents, dont la gloire avait marqué la jeunesse de sa lumineuse auréole, et qui usaient péniblement les dernières années de leur vie en efforts impuissants pour repousser l'oubli qui venait comme le sable des déserts, s'amoncelant autour des anciens monuments, engloutir l'édifice tombé de leur passagère renommée.

Il n'en fut pas ainsi pour Chateaubriand, et madame Récamier fit tant de coquetterie à la gloire, qu'elle parut lui rester fidèle jusqu'à son dernier jour. Mais il me sembla que, si quelqu'un s'y trompait, ce n'était pas lui, Chateaubriand; je crus voir qu'il souffrait péniblement du vide d'une existence qui n'exerçait plus d'influence sur la société. Il avait rompu violemment avec la monarchie de Juillet, et ses idées n'étaient pas complétement acceptées par la monarchie tombée, car il aurait voulu garder toutes les conquêtes de la Révolution sous la royauté des descendants de Louis XIV, de même qu'en littérature il eût désiré, sous des formes nouvelles et des peintures plus intimes et plus personnelles, conserver la raison et le bon sens qui dominent les œuvres classiques. La France dépassait déjà sa pensée en politique comme en littérature, et le grand écrivain, qui avait plus d'une fois dirigé l'opinion, se voyait obligé de la suivre sur un terrain qui n'était pas de son goût, sous peine de perdre la popularité qu'il aimait tant! C'est ainsi qu'il se lia avec Lamennais et Béranger, bien qu'ils eussent l'un et l'autre des idées antipathiques à ses habitudes et à ses convictions.

Chateaubriand s'éteignit au moment où sa mort pouvait passer le plus inaperçue. C'était aux funestes jours du mois de juin 1848. Cependant les littérateurs de tous les partis furent fidèles à lui rendre un dernier hommage dans la petite église des Missions étrangères comme pour attester que la gloire survit à tout! Ce qui fera vivre celle de Chateaubriand, c'est que les passions ardentes de son âme, communiquées au lecteur par les images les plus vives et les plus colorées, n'éveillent que de nobles sympathies pour le bien et de chaleureuses aspirations vers le beau. On sent qu'il les aimait et s'exaltait pour tout ce qui touche les âmes généreuses : le cachet du génie, c'est d'inspirer l'amour de la vertu.

Le salon de madame Récamier avait perdu sa lumière avec Chateaubriand; l'absence de M. Ampère en bannissait depuis quelque temps déjà la gaieté; Ballanche était mort; une sombre tristesse envahissait la retraite de l'Abbaye-aux-Bois, et les événements politiques étaient de nature à la redoubler. Aussi les visites que je fis alors à madame Récamier me laissaient l'âme attristée pour longtemps... Le foyer était presque désert le dernier jour où je vins m'y asseoir; le fauteuil de Chateaubriad était là... respecté... comme un autel à la Renommée; celui du pauvre Ballanche comme un autel à l'amitié; d'autres siéges qui eussent pu encore être occupés ne l'étaient pas; car chacun, dans ces jours-là, restait inquiet et soucieux à son propre foyer : le choléra s'était déclaré de nouveau.

Un triste pressentiment m'attira vers l'Abbaye-aux-Bois; je n'y trouvai qu'un seul fidèle, M. le duc de Noailles : il agitait la question de prudence qui conseillait l'éloignement de la maison, l'épidémie venait d'y faire des victimes.

Le lendemain, madame Récamier avait quitté l'Abbaye-aux-Bois pour aller chez sa nièce, madame le Normand, où elle mourut du choléra peu de jours après.

C'était en 1850.

Les derniers jours de cette vie si douce, qui n'avait vu que ce qu'il y a de plus gracieux au monde, les hommages et les louanges, furent sinistres, et la mort les termina d'une façon terrible.

La guerre civile et la peste atténuèrent le bruit des funérailles de Chateaubriand et de madame Récamier. Ces personnes, qui avaient tant aimé le retentissement, s'éteignirent sans bruit, et furent seulement pleurées par quelques amis dévoués que n'attirait pas leur renommée; loin de là, ils s'affligeaient de ce qu'elle avait tant troublé leurs derniers jours, car il était visible que l'un et l'autre étaient tourmentés de profonds regrets et de grandes tristesses; ils n'aimaient plus la vie et ils étaient obsédés par l'idée de la mort.

Ah! c'est qu'il n'y a de vieillesse paisible et sans amertume que pour les âmes d'élite, créées par le ciel dans un jour d'ineffable mansuétude, qui n'éprouvent ni les besoins inquiets de la vanité ni les ardeurs violentes de la passion, et qui, satisfaites par le goût des arts et de l'étude, y trouvent une joie indépendante du succès. Ces bons et modestes esprits ne demandent à ce qu'ils produisent que le plaisir d'exprimer leurs idées et de faire un peu de bien par leurs ouvrages; ils se laissent oublier sans regrets.

Mais il y a une vieillesse plus heureuse encore et que j'appellerais volontiers resplendissante, partage de l'homme de bien, sincère dans sa foi religieuse, et croyant fermement à une vie meilleure, où nous sont comptés nos sacrifices, nos douleurs et nos vertus dans celle-ci !

LE SALON

DU

VICOMTE D'ARLINCOURT

Ressemblance entre Parceval de Grandmaison et le vicomte d'Arlincourt. — Naïveté de l'un et de l'autre. — Les millions et les poëtes. — Fortune évanouie. — Socques métamorphosés en chevaux. — Nouvelle fortune. — Fête magnifique. — Les diamants de la diplomatie. — Les princesses dans l'exil. — Les soleils réunis. — Les femmes internées. — Les gaietés tragiques. — Le *Journal des Débats*. — La République romaine. — Le procès. — Le mariage. — Fleurs de l'intelligence.

Il y a eu deux hommes, deux écrivains que je vis souvent et longtemps, pour qui j'avais une sincère estime et une véritable amitié, mais qui furent pour moi le sujet continuel d'un étonnement qui n'a pas encore cessé. Ces deux hommes sont Parceval de Grandmaison, de l'Académie française, et le vicomte d'Arlincourt qui a tant désiré d'en être !

Parceval de Grandmaison fut la dernière personnification du classique effacé ; le vicomte d'Arlincourt la première expression du romantisme exagéré... ils étaient bien loin l'un de l'autre par ce seul fait. Pourquoi a-t-il toujours été naturel à ma pensée de les rapprocher ?

Nous allons voir cela, en expliquant leur caractère et leur vie. Expliquons d'abord ce qu'était Parceval de Grandmaison dont le public ne se souvient probablement pas.

Si l'on disait à ce public : il y avait un homme qui, à soixante ans, gardait encore la naïveté de l'enfance ; qui avait traversé la révolution de 93 sans se douter des causes qui l'avaient amenée et sans s'inquiéter de ce qui devait la suivre ; qui avait vécu au milieu de ceux qu abattaient une monarchie de quatorze siècles et de ceux qui essayaient de la soutenir, sans se brouiller avec les uns ni avec les autres ; qui était resté à vingt-cinq ans paisible spectateur de ces luttes sanglantes, sans enthousiasme et sans indignation, quoique homme de cœur ; inoffensif pour tous, indifférent à la perte d'une grande fortune, ayant des amis dans tous les camps et ne rencontrant d ennemis nulle part ; si l'on ajoutait qu'avec cet esprit qui rend aimable dans un salon, une belle figure, une bonté charmante, enfin, tout ce qui attire l'amour, tout ce qui fait naître l'ambition, il avait été étranger aux émotions violentes; que jamais son âme, blessée dans le choc des intérêts et des passions, n'avait eu besoin de chercher dans une autre âme des sentiments vifs et profonds qui répondissent aux siens ; que de petites convenances de goût avaient seules dirigé le choix de ses passagères affections; qu'il avait aimé par désœuvrement, s'était marié par complaisance, pour faire plaisir à un ami qui s'était privé pour lui d'une femme laide, désagréable et pauvre, avec laquelle il se trouvait engagé contre son gré ; et que, n'étant point heureux dans son ménage, il s'en consola en augmentant, d'un certain nombre de petits mots malins sur sa femme, le petit bagage de petits vers innocents et de petits contes ayant l'envie de ne pas l'être, qu'il colporta également avec insouciance et gaieté, pendant l'effroi de la Terreur, les folies du Directoire, la gloire de l'Empire et les scrupules de la Restauration.

Si l'on disait après cela : Devinez quelle dut

être l'occupation des vingt dernières années de la vie de cet homme paisible? Quand les faibles et pâles ardeurs de son insouciante jeunesse se furent éteintes, à quoi employa-t-il ses loisirs? Que vous en semble? Quelles idées avez-vous de la vieillesse de cet excellent homme qui fut sans passion, ne comprit jamais la haine, ne devina pas le mal et ne put croire à la perfidie?

Vous pensez sans doute que des objets naïfs et inoffensifs comme lui devinrent ses passe-temps! qu'il fut botaniste et cultiva des tulipes?

« Point, vous n'y êtes pas.

Ses veilles patientes interrogèrent le passé, dites-vous, il dut être antiquaire!

— Pas le moins du monde.

— Il forma une collection d'insectes?

— Oh bien oui!

— Il éleva donc des vers à soie?

— Vous êtes à cent lieues! Vous ne trouverez pas. Je vous le donnerais en cent, en mille... il faut donc vous le dire? Cet homme, qui ne sut ni connaître ceux qu'il vit tous les jours, ni leur cacher une seule de ses pensées, dont l'esprit était particulièrement naïf, crédule, frivole; cet homme fit à soixante ans, quoi ?

Un poëme épique! !!

Ce qu'il appelait avec emphase et en donnant à toute sa figure une expression solennelle et grandiose un peu grotesque : *une épopée sur Philippe-Auguste.*

Il nous disait le soir, dans les salons, les vers de ce poëme! C'était le moment de ces passagers et vifs combats des classiques et des romantiques, et leurs divisions commençaient à troubler la paix de nos réunions. Ce bon Parceval disait donc ses vers, non-seulement à ces hommes paisibles qui respectaient les grands génies des siècles passés, jusque dans leurs plus faibles imitateurs; mais encore à ces esprits impatients qui se vengeaient sur les originaux de l'ennui de leurs copies. Et ce bon Parceval leur disait, à tous, ses vers ! Il en devait faire quatre-vingt mille. Car, outre son poëme sur *Philippe-Auguste*, il en faisait un sur *Napoléon en Égypte* et un sur *Charlemagne*.

Les romantiques firent un camp à part et fulminèrent des bulles d'excommunication contre les classiques. Et le bon Parceval disait toujours ses vers.

La mort frappa ses vieux amis, ses plus dévoués admirateurs. Et il continuait à faire et à dire ses vers.

Puis vinrent les tristes journées de 1830, où les classiques et les romantiques politiques se livrèrent un combat sanglant. Parceval dit toujours ses vers.

Enfin il s'aperçut de la désertion de ses auditeurs, et, quand il demanda :

— Où donc est un tel? et qu'on répondit :

— Il est préfet.

— Lui, s'écria-t-il, qui pouvait être poëte! Et tel autre?

— Député.

— Lui, qui faisait une tragédie! Et celui-là?

— Mort aux journées de juillet.

— Sans avoir achevé son ode! grand Dieu! Mais le plus jeune de nous tous?

— Il écrit contre Racine!

Alors une indicible tristesse s'empara de l'âme de Perceval; mais il ne cessa point de faire des vers. Seulement, au lieu de trois cents qu'il faisait chaque matin, il n'eut plus de force que pour deux cents... puis il n'en fit plus que cent, et cela alla ainsi en décroissant avec la diminution de la vie. Un jour vint où il ne trouva plus sa rime. Il expira.

Tous le pleurèrent : classiques, romantiques, républicains, carlistes; car c'était, pour la bonté et la candeur, un cœur d'enfant.

Quant à cet autre vieil enfant aussi, qui s'appelait le vicomte d'Arlincourt, écrivain et poëte comme Parceval, il était comme lui aussi, fils d'un *fermier général*. Ils eurent encore un autre point de ressemblance, c'est que, destinés tous deux à de grandes fortunes, il les perdirent complétement avant d'en avoir joui...

Le père de d'Arlincourt donna très-volontairement la plus grande partie de sa fortune à *Monsieur*, frère du roi Louis XVI, lorsqu'il émigra; ce prince, qui fut *Louis dix-huit*, ne manqua pas, à son retour en France, d'acquitter sa dette. D'Arlincourt avait un frère général, servant glorieusement notre pays. Ils partagèrent, et l'auteur du *Solitaire* eut pour sa part *un million;* mais les enfants croient, dit-on, que vingt ans et vingt francs ne doivent jamais finir; et les poëtes donc! Ces espèces d'enfants *sublimes* peut-être, mais à coup sûr enfants, quand il leur arrive un million, Dieu sait qu'ils en usent comme si c'était inépuisable! et ils font de même parfois de leur jeunesse : il leur semble que tout cela est, comme leur gloire, éternel!

D'Arlincourt ne s'aperçut donc ni de la diminution de ses trésors ni de l'augmentation de ses années, et un beau jour, ou plutôt un laid jour, il découvrit, à sa grande surprise, qu'il était vieux et ruiné; mais il ne voulut croire ni à l'un ni à l'autre; il ne voulut surtout pas que les autres pussent s'en douter. Excepté quelques amis sur lesquels il comptait, et à qui il confia ses embarras, la société qu'il fréquentait n'eut pas la moindre idée de la vérité; il fut toujours, pour certaines gens, un beau jeune homme riche, dont le public s'arrachait chaque nouvelle production. C'était ainsi qu'il parlait de lui-même, et une part du public vous prend pour ce que vous voulez qu'il vous prenne. Il n'y a pas de mensonge, si absurde qu'il soit, qui ne trouve quelque croyant. D'Arlincourt ne mentait que le soir pour le monde des salons; le matin, il était sincère avec ses amis. Il leur parlait de sa détresse, et les sollicitait constamment afin d'en obtenir des articles pour ses livres, qui ne se vendaient pas. Le soir, il racontait ses éditions épuisées en vingt-quatre heures; ses chevaux fatigués par des courses chez des princesses qui l'attendaient, et ses succès en tous genres : c'était le *dandy*, le *lion*, le *héros* à la mode! Il criait dans l'antichambre : — « Faites avancer! » — et son vieux portier, qui était alors son seul serviteur, le devançait, l'attendait au bas de l'escalier, lui mettait ses *socques* et lui donnait le bras: car il était réellement vieux, bien qu'il n'en fît pas semblant. Mais un jour la fortune revint. D'Arlincourt ne lui tint pas rigueur, ne lui reprocha pas son inconstance; il lui tendit les bras avec une indicible joie! Une femme riche, qui était en même temps une femme d'esprit, voulut se donner le plaisir de voir un bonheur d'enfant dans le cœur d'un bon et excellent homme, et elle fit partager à d'Arlincourt un luxe qu'il n'avait jamais connu, même au temps de sa première opulence; elle dut être satisfaite de la naïveté enfantine avec laquelle il accueillit cette fortune nouvelle qui venait le visiter dans ses vieux jours, ce qui est rare. Dire toute la joie du poëte est difficile; il fallut qu'on descendît dans la rue pour admirer une somptueuse voiture avec ses armes. Deux magnifiques chevaux, deux grands laquais en riche livrée; oui, deux... C'était une tenue d'ambassadeur en visite officielle. Il fallut aussi qu'on admirât toutes les dorures de son appartement, et c'est alors qu'il eut, rue Neuve-des-Capucines, où sa femme possédait une belle maison, des réceptions dont je voudrais laisser ici un souvenir, quoique cela ne fût point ce que j'appelle *un salon*. C'était trop nombreux, on y était trop étranger les uns aux autres. C'étaient des fêtes, mais des fêtes où l'intelligence était pour quelque chose, où on lui rendait hommage, où on la mettait de pair avec les plus grands et les plus riches, ce qui ne se voit pas toujours, même à notre époque d'égalité... Il y avait donc chez d'Arlincourt un luxe intellectuel mis en évidence et en honneur. Il aimait tout ce qui brille! Nous avons vu là tout ce qui était vraiment célèbre dans les arts et dans les lettres, joint à tout ce que l'aristocratie a de plus élevé dans les vieux noms, ou de plus illustre dans les nouveaux. Cela se passait en 1850, en pleine république.

En fait de noblesse, il y avait des *Bourbons!* les

princes et princesses infants d'Espagne, Saint François de Paule. Après cela il est inutile de citer des Montmorency, des Mortemart, des la Rochefoucauld, une quantité de princesses et de princes russes, italiens, polonais, et des grands d'Espagne, et des lords anglais à noms historiques. Puis nous citerons seulement Lamartine et Berryer parmi les célébrités de l'intelligence. Il serait trop long de dire tous ceux qui se trouvaient là, mais ces deux noms éclatants peuvent donner l'idée du reste.

Mademoiselle Rachel récita des vers du rôle d'Hermione et de celui de Célimène... Les premiers artistes de l'Opéra chantèrent des morceaux de la *Favorite* et de la *Juive;* — tout fut merveilleux dans ce lieu rempli de merveilles!

Les toilettes de femmes étaient magnifiquement ornées de ces innombrables diamants héréditaires, augmentés à chaque génération, qui ne se voient que dans la vieille aristocratie, et les hommes semblaient avoir voulu rivaliser avec les femmes par les pierreries qui couvraient aussi leurs poitrines; car la diplomatie était en force là, et si, comme il faut l'espérer, l'éclat des diamants qui brillent aux plaques dont les diplomates sont ornés est un emblème de ses lumières, la diplomatie européenne doit jeter un éclat lumineux, capable d'éblouir le monde entier! Notre bon d'Arlincourt recherchait particulièrement les diplomates pour obtenir aussi les insignes de la gloire dont il était follement épris. Toute sa vie se passait à courir après des décorations, des louanges dans les journaux et des invitations dans les salons; il ne travaillait que pour cela, contrairement à Parceval, qui ne voyait rien dans ce monde que le travail de l'écrivain. D'Arlincourt était aussi joyeux lorsqu'il avait obtenu une décoration de plus, que Parceval quand un des chants de son poëme était achevé... Aux grandes soirées, chez lui et chez les autres, ce bon vicomte poëte se montrait en grande tenue, et sur sa poitrine brillaient trois plaques étincelantes de diamants, deux grandes croix en sautoir et dix-sept petites décorations à la boutonnière. Qu'eût pu obtenir de plus le génie éminent du premier écrivain de la terre? Jamais je ne vis à l'habit de Chateaubriand qu'un petit ruban rouge imperceptible. C'était la Légion d'honneur. D'Arlincourt cependant espérait encore augmenter ces emblèmes du talent, car, à l'une de ces soirées, voyant mon regard se fixer involontairement sur ce rassemblement d'insignes merveilleux, il me dit en passant :

— J'en attends encore deux.

Mais il ne se fâcha pas de ce que je ne pus retenir un élan de gaieté.

C'était un excellent homme, dont la vanité n'avait rien d'hostile, rien de dédaigneux. Il montrait une joie d'enfant saturé de jouets, tout épanouie, toute bienveillante, toute gentille. Il a fait un livre intitulé l'*Étoile polaire*, destiné à louer tous ceux qui l'invitaient à des fêtes et à faire l'apothéose de tous ceux qui l'ont décoré.

Son dévouement à ses opinions légitimistes fut complet et constant. Il allait à l'étranger faire sa cour à la royauté exilée, il y était reçu en ami du malheur et retenu avec bonté. En quittant Frosdorff après un séjour de deux semaines, il disait à M. A.... :

— Que je plains ces malheureuses princesses !

Cela n'étonna point l'interlocuteur, les exilés sont bien à plaindre ! Mais il ne put retenir un mouvement de surprise lorsque d'Arlincourt ajouta :

— Comme elles vont s'ennuyer à présent que j'ai quitté le palais. Car depuis quinze jours je leur lisais mes ouvrages tous les soirs !

Voilà pourquoi il les trouvait à plaindre !

Les réunions qui eurent lieu chez d'Arlincourt étaient donc du nombre de celles qui peuvent s'intituler : *Soirées de vanité.*

Il y en a beaucoup comme cela dans Paris. Madame Récamier y excellait ; et ce n'est pas un art facile que celui de réunir au même lieu, à jour fixe, des gens illustres ! Les glorieux de notre temps ne se soucient guère, en général, de la gloire des autres ; ils la fuient quand ils ne la nient pas. Chaque écrivain célèbre dresse son petit autel à part, où il n'admet que ses dévots. Se trouver avec ceux qui partagent l'attention du public ne leur plaît pas. Les soleils ne doivent pas se rencontrer, et c'est avec peine qu'on parvient à mettre un grand nombre d'astres dans le même horizon. Leurs rayons ne vont-ils pas être éclipsés, amoindris, obscurcis par les rayons rivaux ? Il est vrai que, dans ces salons où ils sont appelés, ils ne sont pas mis en contact, et qu'il est impossible que leurs idées se heurtent dans de pareilles soirées, où l'on ne cause pas, où l'on n'échange pas même une parole; c'est à peine si les femmes peuvent y être aperçues et saluées de loin par les hommes de leur connaissance, car chaque femme est pour ainsi dire internée; on lui fait de son fauteuil une prison cellulaire. Les siéges placés dans le salon d'honneur où se passent comédie et musique sont entassés sur plusieurs rangs dans toute la pièce, de manière à la couvrir entièrement sans aucun espace libre qui puisse servir à circuler. L'on est placé, à mesure qu'on arrive, tant qu'il y a des siéges vacants, et, si vous avez à vos côtés des femmes que vous ne connaissez pas, vous restez là sans dire un seul mot pendant les longues heures d'attente qui précèdent la courte scène de comédie qu'on vient vous débiter, puis pendant les longs entr'actes de chaque petit morceau de musique que l'on vous chante. Tout cela dure trois, quatre et même cinq heures, dans une atmosphère rendue insupportable par les bouquets, les fleurs, les odeurs et le nombre infini de personnes respirant dans le même lieu. On aperçoit à distance les femmes que l'on connaît, on voit ses amis aux embrasures des portes, car les hommes sont relégués dans les pièces qui entourent le grand salon, puisqu'on s'est arrangé pour avoir un peu plus de monde que l'appartement n'en peut contenir; il est de première nécessité qu'il y ait quelques invités qui ne puissent pas pénétrer ; cela rend la soirée tout à fait mémorable. Il reste seulement près du piano un très-petit espace où les maîtres de la maison se tiennent et s'agitent autour des personnes les plus considérables ; il y a encore quelques femmes adroites qui sont arrivées juste quand les places commençaient à manquer au salon et qui restent dans les pièces qui précèdent à causer avec les hommes de leur connaissance, à la grande envie et au grand scandale de celles qui sont parquées dans le centre et forcées de prendre leur plaisir en patience... Oh ! si l'on eût condamné cette charmante et spirituelle société d'autrefois, où il se disait tant de bons mots, à s'amuser de cette façon, comme elle se fût révoltée de ne pas pouvoir donner l'essor à son esprit joyeux ! Mais l'esprit, à présent, semble être un ennemi que l'on cherche à prendre au piége ; on le traite comme un habile malfaiteur qu'on redoute de voir s'échapper et qu'on resserre si étroitement, qu'il est bien heureux s'il n'étouffe pas.

Si j'insiste là-dessus, c'est que ce genre de soirée ut très-fréquent l'hiver dernier, sous prétexte de proverbes... Ah! jouez des proverbes, des comédies même! Mais qu'on puisse circuler, causer, voir ses amis, échanger des idées, avoir son esprit à soi jusqu'au moment où le proverbe vient mettre à votre disposition l'esprit des autres : que l'on soit dans un *salon* et non dans une salle de spectacle!

Pour en revenir à d'Arlincourt et à l'aimable enfantillage de sa vie, il n'eut d'original que sa constante imitation d'une autre personne, et cette personne fut Chateaubriand.

Chateaubriand avait révélé son nom au monde littéraire avec un grand éclat par le *Génie du Christianisme*, où les épisodes de *Réné* et d'*Atala* avaient excité les sympathies des esprits les plus frivoles, comme l'ouvrage en lui-même excitait celles des esprits les plus sérieux. Les critiques avaient bien signalé des images un peu bizarres et des formes de style inusitées, mais Chateaubriand s'en servait pour buriner de belles pensées, et les inversions, les alliances de mots qu'un goût sévère pouvait réprouver, rendaient plus vives et plus saillantes les belles choses qu'elles exprimaient. D'Arlincourt imita en les exagérant ces excentricités, et dans son premier ouvrage intitulé le *Solitaire*, il y avait ceci : « Bleu était le ruban qui d'Élodie ceignait la taille. »

Voilà où en arrivait l'imitation. Il continua ainsi, dans ses actions comme dans ses œuvres, à imiter Chateaubriand, et disait lui-même :

— Paris ne s'occupe que des deux vicomtes... les deux grands écrivains du dix-neuvième siècle.

Et ce qui est étonnant, c'est qu'au milieu de tout cela d'Arlincourt était un homme d'esprit et même vraiment de beaucoup d'esprit; il causait bien, sa conversation était amusante, spirituelle, de bon goût, et toujours aimable de bienveillance pour ceux qui étaient là : de plus, il y a du talent réel dans quelques-uns de ses ouvrages. Une personne qui lirait sans prévention trouverait certainement dans l'*Herbagère* et dans d'autres de ses romans assez d'imagination, d'art, d'intérêt et de style, pour penser que l'auteur ne doit pas être mis au rang des écrivains qui ne comptent pas; et cependant il y a aussi trop de choses exagérées, fausses, ridicules et bizarres, pour qu'on ose en placer l'auteur au nombre des écrivains de mérite qui doivent compter... Souvent il m'a fait penser à ce vers sur quelqu'un qui reçut du ciel en intelligence :

Trop pour l'obscurité, pas assez pour la gloire.

Il est bien entendu que d'Arlincourt fit aussi sa tragédie, et que c'est à celle-là surtout que le public se donna des joies ! Il y eut des éclats de rire qu'aucune comédie de notre temps n'a jamais su provoquer.

Cela s'appelait le *Siége de Paris !*

Un des personnages disait ce vers :

J'habite à la montagne, et j'aime à la vallée.

On répétait : *A l'avaler.*

Un peu plus loin celui-ci :

Mon vieux père, en ce lieu, seul à manger m'apporte.

On redisait : *Seul a mangé ma porte.*

— Ces gens-là ont de bonnes dents ! s'écria un plaisant du parterre.

Et mille cris joyeux répondirent à cet élan.

D'Arlincourt souriait :

— C'est comme Chateaubriand et comme Victor Hugo, disait-il.

Et il se frottait les mains.

Mais qui aurait eu le courage de le critiquer sérieusement? Qui aurait voulu affliger un si excellent homme? On lui donnait tant de bonheur avec un éloge, il en était si prodigue avec les autres, il savait si bien les provoquer! Il y a des gens qu'il est impossible de ne pas louer, leur orgueil et leur vanité sont sans cesse en quête d'éloges; leurs paroles, leurs regards, et même leur silence, en sont tellement avides, qu'ils semblent toujours vous dire : « Pour mes pauvres, s'il vous plaît? » Nous ne pouvons pas indiquer ici tous les moyens ingénieux dont se servait d'Arlincourt pour obtenir des louanges dans les journaux. Il y a eu dans ce genre les scènes les plus singulières. Une fois, entre autres, il s'était lié avec un rédacteur du *Journal des Débats* et en avait obtenu la promesse d'un *compte rendu* favorable de l'ouvrage nouveau qu'il venait de donner au public. C'était un poëme intitulé : *Ismalie ou la Mort et l'A-*

mour... Ce titre promettait, mais non pas de ces choses simples et raisonnables particulièrement en estime dans cette feuille. D'Arlincourt, craignant de n'avoir obtenu qu'une promesse aussi fantastique que son ouvrage, ne cessa pas un seul jour de se rendre au lever de son rédacteur, de le saluer à son réveil et de lui tendre au saut du lit sa plume et ses pantoufles... Le rédacteur ne put résister longtemps à ces sollicitations quotidiennes. L'article fut rédigé un matin, et, moitié plaisant, moitié sérieux, il mêlait quelques observations nécessaires pour faire passer l'article à quelques louanges pour satisfaire l'auteur... A partir du moment où l'article fut écrit, d'Arlincourt ne quitta plus un instant le rédacteur surpris; il n'avait pas compté là-dessus, mais il devina sans peine qu'il fallait que l'article passât et fût imprimé dans le journal pour qu'il retrouvât sa liberté. Et le voilà qui est à son tour obligé de presser le rédacteur en chef.

L'article s'imprime et va passer. C'était là où l'attendait d'Arlincourt. C'était le grand jour, le jour du triomphe, mais il fallait qu'il fût complet. En conséquence, comme on n'est jamais mieux servi que quand on se sert soi-même, d'Arlincourt donna ce jour-là tant d'occupation au critique et le fit inviter avec lui à un si bon dîner, que c'était cruel vraiment de quitter une table succulente pour aller dans une triste imprimerie corriger l'épreuve de l'article qui paraissait le lendemain. Quoi de plus naturel que de voir l'auteur du livre auquel on rendait service rendre service à son tour au rédacteur en lui laissant savourer les mets délicieux et l'agrément de la bonne compagnie, dont il serait obligé de faire le sacrifice s'il quittait la table pour le journal?

D'Arlincourt pouvait-il faire moins pour son ami que de lui épargner cette peine en courant lui-même à l'imprimerie? Il avait sa voiture à la porte, il s'y rendait, arrivait de la part du rédacteur, corrigeait les fautes d'impression laissées par le prote, et revenait heureux d'avoir rendu un service.

Cela était tellement naturel, que tout le monde approuva. Devant cette approbation générale, d'Arlincourt ne connut plus d'autre idée que celle d'une approbation sans mélange, et, dans son enthousiasme louangeur, il effaça de l'article tout ce qui eût énoncé ou même laissé deviner le plus léger blâme; il fit plus : il ajouta des mots plus flatteurs et substitua des épithètes plus laudatives aux éloges restreints donnés par l'auteur de l'article. Partout où s'était vu le mot « talent, » il mit « génie; » aux expressions faibles de « bonnes choses, » il substitua les mots plus explicites de « choses sublimes, » et tout l'article, ainsi revu, corrigé et considérablement augmenté de louanges, parut le lendemain, à la grande surprise de celui qui l'avait signé.

Ce lendemain-là fut un jour de fête pour d'Arlincourt. Dès le matin, il monta en voiture (c'était à une des époques où il fut riche), et, après avoir acheté une énorme quantité de numéros du *Journal des Débats* du jour, il se promena chez toutes les personnes de sa connaissance, leur parla incidemment de son livre et de l'article qui avait, disait-il, causé ce matin-là sa joie et son étonnement, vu les restrictions habituelles des éloges de cette feuille recommandable, où la louange, par conséquent, doublait de prix.... Puis il tirait négligemment le journal de sa poche, et, après l'avoir tenu assez longtemps à la main pour laisser place aux instances réitérées d'en faire la lecture, il mettait tant de grâce en lisant, tant d'enthousiasme et un air si pénétré dans les passages les plus louangeurs, que c'était un charme de l'entendre.

On a tant de plaisir à voir un heureux, et son bonheur était si expansif dans un pareil moment qu'on en avait l'âme ravie.

Après avoir fini sa lecture, il ne restait que le temps nécessaire pour jouir de la satisfaction des autres et se retirait ensuite, ayant bien soin d'oublier le journal dans un endroit où il était sûr qu'on le retrouverait.

Mais de toutes les choses singulières que fit naïvement cet excellent homme, la plus extraordinaire, à mon avis, fut celle-ci. Après cette vie toute remplie de véritables enfantillages, occupée par les soins naïfs de cet égoïsme inoffensif, mais puéril, qui n'eut jamais un mot blessant pour personne, mais qui travailla sans cesse à obtenir des paroles d'admiration pour lui-même, il s'avisa vers les derniers jours de cette paisible et railleuse existence, de vouloir écrire.... quoi? Je pourrais dire encore : Devinez. Mais vous ne le pour

Eh bien, cet homme frivole qui n'avait jamais ni

vu ni cherché un seul instant le réel, le vrai, le positif, s'avisa de vouloir écrire l'histoire.

Oui, l'histoire contemporaine, l'histoire ardente et compliquée de notre époque, où la plus ingénieuse sagacité et le plus grand esprit de justice ont peine à dire la vérité et ne peuvent le faire qu'en soulevant les passions, les haines et les vengeances.

Pauvre cher d'Arlincourt! mouton révolté qui voulut un jour hurler avec les loups!

Mal lui en prit, et il eut mille chagrins pour son *Histoire de la République romaine*. Passe encore si c'eût été la république de Brutus et de Scipion; elle est trop loin de nous pour qu'il lui arrivât malheur s'il s'était trompé sur les intentions de ses héros. Mais il écrivit l'histoire de cette récente république dont les défenseurs ne se percèrent pas le cœur de leur épée, comme Caton, quand ils se virent vaincus, mais percèrent le cœur de d'Arlin[illegible]t quand ils se crurent calomniés.

On lui fit un procès en diffamation, à lui, le plus candide des hommes; un procès en police correctionne[illegible] à lui, le plus poétique des élégants écri-[illegible]vains!

Il fut atterré, et on le vit courir éperdu tout Paris ce jour-là.

Cependant il reprit courage le lendemain, et se défendit vigoureusement pendant plus d'une année que le procès alla de tribunaux en tribunaux. Mais une partie des forces qui restaient à sa vieillesse s'usa dans cette lutte et dans les trop vives émotions que lui avait causées son nouveau mariage. Tout cela avança la fin d'une vie qui n'était plus de force à résister à de violents assauts.

C'était un homme réellement bon, dont les prétentions pouvaient amener le sourire aux lèvres, mais ne jetaient jamais rien d'amer au cœur des autres; il fut l'exagération des petites vanités de certains hommes de notre époque, et comme une espèce de parodie pour en faire ressortir les ridicules puérilités.

Car nous en avons vu plusieurs et nous en voyons encore, et cela parmi les plus grands esprits de notre époque, qui usent le meilleur de leur force et de leur temps à travailler à leur propre statue; au lieu de s'occuper à produire des œuvres dignes d'admiration, ils ne pensent qu'à se faire vanter pour des œuvres médiocres et s'enivrent au bruit qu'ils ont eux-mêmes préparé, croyant tromper les autres comme ces enfants qui pensent s'être cachés lorsqu'ils ont étendu leurs petites mains sur leurs visages!... Quand les années ont donné l'expérience, quand la réflexion a fait connaître la vérité, comment peut-on courir après un vain bruit? La gloire elle-même perd son prix devant l'instabilité des choses de la terre; chercher la récompense de ce que l'on fait dans le suffrage des autres, c'est se préparer des mécomptes... La meilleure, la plus belle joie du travail est dans le travail lui-même, dans la réalisation de son œuvre, la création, enfin! Est-ce que le plaisir de rendre son idée, de l'exprimer, de la propager, ne devrait pas suffire à l'écrivain et à l'artiste, comme il suffit au rosier de produire de belles roses? Est-ce que l'arbuste qui livre à l'air qu'il embaume les parfums de ses jolies fleurs, est-ce que l'arbre qui prodigue à tous les saveurs de ses plus beaux fruits, attend des éloges et des hommages? Il remplit sa destinée, voilà tout; et celle de l'homme n'est-elle pas aussi de jeter incessamment autour de lui les fruits bienfaisants de son expérience et les inspirations salutaires de sa pensée?

LE SALON

DU

MARQUIS DE CUSTINE

Encore un des foyers brillants où je m'assis aux jours heureux qui vient de s'éteindre sans bruit, après avoir retenti souvent des noms les plus éclatants de la littérature nouvelle et de l'ancienne aristocratie. C'était un vrai gentilhomme que le marquis de Custine, appartenant à la vieille noblesse, allié aux premières familles françaises, et tenant aux siècles passés non-seulement par l'ancienneté de sa race, mais par cet esprit d'homme du monde, fin, juste, moqueur et ingénieux dont le prince de Ligne fut le représentant le plus finement spirituel, Montesquieu le plus sublime interprète, et Voltaire la plus complète et la plus puissante expression.

Le marquis de Custine a écrit un assez grand nombre de volumes; les plus remarquables sont ses voyages dans les différents États de l'Europe. Il commença ses pérégrinations par l'Angleterre, dont il disait :

« Il n'y a là ni nature, ni art; tout y est industrie, l'Angleterre n'est qu'une grande boutique servie par des commis de mauvaise humeur....

« Ici une machine qui brode, là une machine qui fait de la toile; et ces personnages muets qu'on voit concourir à un but qui leur est inconnu font peur comme le surnaturel; il semble que ce sont des intelligences emprisonnées dans des aiguilles, du fil et de la toile, et qui accomplissent leur temps d'épreuve dans le palais de quelque mauvaise fée.... Je suis toujours tenté de tourner autour d'un Anglais pour découvrir les contrepoids qui font mouvoir sa machine.

« Il faut étudier l'Italie pour savoir ce qu'a été le genre humain, il faut voir l'Angleterre pour deviner ce qu'il deviendra! »

M. de Custine porta ce même esprit satirique dans quatre volumes écrits sur la Russie; mais, cette fois, il y eut réplique et réfutation de la part du gouvernement russe, sentinelle vigilante qui a pour consigne l'honneur du pays, et, au moindre mot qui pourrait l'effleurer, crie : « On ne passe pas! »

La *Russie* est une belle, jeune et grande dame un peu susceptible, comme toute grandeur d'origine récente; sa brillante parure est neuve encore et s'embellit chaque jour; mais, dès qu'on tente de ternir son éclat destiné à éblouir le monde, on la voit se défendre et se venger.

L'*Espagne* est une femme encore belle, mais déjà sur le retour, et que ses conquêtes abandonnent à son grand regret, qu'elle manifeste par cette mauvaise humeur ordinaire aux femmes qui vieillissent. On n'entend au delà des Pyrénées que disputes hargneuses qui ne lui permettent pas de faire attention aux bruits du dehors. Aussi les quatre volumes de M. de Custine, intitulés l'*Espagne sous Ferdinand VII*, passèrent sans soulever la moindre objection contre leur sévérité.

Quant à l'*Angleterre*, si elle n'avait rien dit des critiques dont elle était l'objet, c'est qu'elle est trop fière, cette belle dame, sûre de sa force, et qu'elle dit comme le Scythe devant Alexandre :

— Nous ne craignons que Dieu, et nous ne comptons qu'avec lui !

Le marquis de Custine publia deux romans assez froids; puis il en arriva au *grand œuvre*, à cette pierre philosophale de l'écrivain qui ne lui donne que bien rarement l'or et l'immortalité.

Une tragédie !

M. de Custine fit donc aussi sa tragédie.

Cette tragédie s'appelait *Béatrix Cenci ;* tout le monde en connaît le triste et cruel sujet. La pièce se jouait au théâtre de la Porte-Saint-Martin, dont le directeur était toujours aux expédients. Le marquis de Custine passait pour fort riche, et plusieurs petites pièces se jouèrent dans les coulisses pour amener une partie de l'argent de l'auteur dans la caisse épuisée du directeur... D'abord on lui fit payer tous les frais de décors et de costumes qu'exigeait l'ouvrage ; chaque jour c'était quelque nouvelle dépense, et l'on ne répétait pas la pièce sans qu'il en coûtât quelque chose au poëte marquis. Cependant, la veille de la représentation, il se trouva encore de nouveaux frais indispensables, lui dit-on, et, à plusieurs reprises, la bourse du grand seigneur s'ouvrit pour les acquitter, et ne se referma que tout à fait vide. Lorsque M. de Custine se retira, un acteur célèbre qui jouait dans la pièce et qui avait assisté à toutes les péripéties de cette bourse arrivée toute rebondie, et qui s'en allait si plate, regardant son directeur avec la sauvage et malicieuse énergie de Robert-Macaire, lui dit :

« Vous le laissez partir? mais il a encore sa montre! »

La tragédie de *Béatrix Cenci* n'était pas sans mérite, mais la représentation en était pénible ; elle fut jouée peu de fois et l'auteur n'en eut pas pour son argent.

Il y avait ainsi sur tout ce que faisait M. de Custine comme une funeste influence qui atténuait tous ses bonheurs. Bien qu'il réunît les plus grands avantages de la nature et de la société, car il était grand et beau, très-spirituel, bien élevé, extrêmement instruit, fort riche et tout à fait grand seigneur de race, de manière et de sentiment, toutes ces prospérités ne l'empêchaient pas d'avoir une âme inquiète et tourmentée qui ne lui laissait aucun repos, et il ne pouvait tenir en place, il semblait poussé par un inexplicable vertige qui l'arrachait à tout ce qui fait le bonheur des autres hommes.

Que de fois l'ai-je raillé de cette activité fiévreuse, et de ce qu'il connaissait moins Paris que Londres, Pétersbourg et Madrid! Aussi me proposa-t-il un jour un voyage dans notre capitale, que je ne connaissais guère mieux que lui, et nous commençâmes par visiter le *Jardin des Plantes*. Ce jardin a toujours été pour ma pensée une inépuisable source d'enseignements et de rêveries. Il s'y joint maintenant pour mon cœur un pieux souvenir de reconnaissance! Voyez cette maison qui domine tout ce beau parc et qui produit à travers les arbres un effet pittoresque et charmant. Eh bien, ce lieu réveille dans mon âme les sympathies les plus élevées, soit dans les souvenirs de ma rieuse enfance, quand tout était espoir et joie... soit dans les années plus pensives où dominent les regrets et les chagrins. Et savez-vous ce qui distingue pour moi cette habitation de toute autre, ce qui en fait une espèce de sanctuaire d'où émanent de touchantes et belles émotions qui me prennent tout le cœur? C'est que d'abord ce fut là que vécut longtemps *Buffon*. Le nom de Buffon se joint toujours dans mon esprit à celui de *Bossuet*, parce que tous deux naquirent à Dijon, ma ville natale... Ce fut à Dijon que tous deux ouvrirent les yeux à la lumière de ce ciel dont ils devaient étudier, découvrir et enseigner quelques-uns des plus merveilleux secrets, soit dans le monde visible de la nature, soit dans le monde invisible de la pensée.

Ces deux grands noms me furent révélés dès l'enfance par le culte d'admiration qu'on leur rendait autour de moi, et plus tard, quand je connus leurs œuvres immortelles, elles emportèrent plus d'une fois dans de sublimes contemplations ma jeune âme, que le beau ravissait et qui trouvait dans la sphère élevée où l'emportaient ces grands esprits une atmosphère où elle respirait plus fortement avec bonheur!

Et maintenant cette demeure, qui fut habitée par Buffon, renferme un de ses plus brillants successeurs, M. *Flourens*. A ce nom illustre, ma sympathie pour tout ce qui est d'un ordre supérieur s'accroît d'une reconnaissance personnelle pleine de tendresse et de respect. Que ce toit soit béni, qu'il n'abrite que le bonheur à côté de la gloire! Que les enfants y croissent en vertus, en talents, en beauté ; qu'ils ornent des joies de la jeunesse et de l'affection la vie glorieuse toute remplie d'un travail incessant, qui ne prend pour repos que le soin paternel de les diriger dans le bien ; que leur illustre père et leur mère charmante n'aient par eux que les ineffables félicités de la famille, et qu'il n'ait jamais besoin de consolation, celui dont les paroles éloquentes cherchèrent à consoler une famille dans le deuil !

M. Flourens fit à l'Académie, comme M. Patin l'avait fait sur sa tombe, un éloge de M. Ancelot, avec cet admirable talent où la parole, digne, ingénieuse et puissante, sert merveilleusement de belles pensées, et tous deux apportèrent ainsi du soulagement à un irréparable malheur.

Mais nous voilà loin de M. de Custine. C'est peut-être parce qu'il s'éloigna aussi : huit jours après, il était en Sicile.

Sans le besoin de changer de place qui tourmenta toujours M. de Custine, sa maison eût été la plus agréable de toutes celles où l'élite du monde parisien pouvait se rencontrer, et il aurait eu un des meilleurs *salons* de Paris. Nous y avons vu des réunions choisies dans toutes les classes de la société, dans toutes les positions de fortune, dans toutes les idées politiques et littéraires, mais reliées par une pensée commune : le goût des choses de l'intelligence. Les légitimistes y dominaient dans la politique et les romantiques dans la littérature; car les plus brillantes de ces soirées avaient lieu à l'époque où l'on se classait ainsi dans deux camps distincts. Et nous avons vu réunis, sous le charme des improvisations harmonieuses de Choppin et de la voix si sympathique de M. Duprez, les adversaires du romantisme à côté de M. Victor Hugo... qui venait de se placer en clairon à la tête de la phalange militante, et de M. de Lamartine, qui en était la lumineuse étoile... Il y avait, de plus, dans les élégants salons, ouvrant sur un joli jardin, ce luxe qu'aiment les gens de talent et d'esprit, et qui est un bel ornement à la gloire. Enfin, on trouvait là tout ce qui constitue ce qu'on appelait autrefois un *salon*, et devient de plus en plus rare; il y aura toujours des fêtes où l'on dansera, de très-riches maisons où se réuniront les banquiers chez des millionnaires, ou de grands seigneurs d'autrefois chez quelques duchesses ou marquises du faubourg Saint-Germain; il y aura des salons tout remplis d'avocats et de gens tenant au barreau et à la magistrature, d'autres où ce sera tout avoués et agents de change; puis des salons d'artistes, et d'autres d'écrivains; mais il n'y aura plus de ces salons qui réunissaient tous ces éléments différents sous un seul roi... l'*esprit*, qui établissait entre ses sujets les plus différents une complète égalité. Car, il faut le dire et le répéter, la seule égalité qui existe en ce monde est celle de l'intelligence, de l'éducation et du savoir : jamais un homme ignorant et grossier ne sera l'égal d'un homme instruit et bien élevé, et chacun d'eux sentira la distance qui le sépare de l'autre; aussi rien n'est plus étonnant, à mon gré, que de mettre l'égalité dans la loi sans y mettre aussi l'éducation générale. C'est donc à cette égalité de lumière et de vertu que chacun doit chercher à contribuer de son mieux... Alors... oh! alors, il n'y aura plus besoin de ces réunions dont l'usage tend à se perdre, puisque toute la France ne sera qu'un vaste salon rempli d'égaux par l'instruction, qui tous se tendront amicalement la main!

FIN

TABLE

www.ingramcontent.com/pod-product-compliance
Ingram Content Group UK Ltd.
Pitfield, Milton Keynes, MK11 3LW, UK
UKHW021134260726
13994UKWH00001B/136

9 782329 45272